Waage Horoskop 2024

Angeline Rubi und Alina A. Rubi

Unabhängig veröffentlicht

Alle Rechte vorbehalten © 2024.

Astrologen: Alina A. Rubi und Angeline Rubi

Redaktionelle Bearbeitung: Alina. Rubi und Angeline A. Rubi

rubiediciones29@gmail.com

Kein Teil dieses Jahrbuchs 2024 darf in irgendeiner Form oder mit irgendwelchen elektronischen oder mechanischen Mitteln vervielfältigt oder übertragen werden. Dies gilt auch für die Vervielfältigung durch Fotokopie, Aufzeichnung oder ein anderes Informationsspeicher- und -abrufsystem ohne vorherige schriftliche Genehmigung des Autors.

Wer ist Waage?

Termine: 23. September - 22. Oktober

Tag: Freitag

Farbe: Hellgrün, Hellblau

Element: Luft

Kompatibilität: Widder, Zwillinge, Wassermann, Schütze

Symbol:

Modalität: Kardinal

Polarität: Männlich

Herrschender Planet: Venus

Haus: 7

Metall: Kupfer

Quarz: Lapislazuli, Saphir, Malachit

Sternbild: Waage

Waage Persönlichkeit

Die Waage liebt Ästhetik und Harmonie in allem. Er ist diplomatisch, friedlich und kultiviert. Er versucht, den Standpunkt der anderen zu verstehen, ohne jemanden ausschließen zu wollen. Aber wenn es sich um eine Frage der Ungerechtigkeit, ohne zu zögern kommt er zur Verteidigung der schwächsten.

Es ist ein Zeichen, das Bequemlichkeit liebt und kapriziös ist. Es zeigt Unentschlossenheit und Unsicherheit, vielleicht wegen seiner Tendenz, immer die gerechteste und ausgewogenste Lösung finden zu wollen.

Sie gehören zu den zivilisiertesten Zeichen des Tierkreises. Sie haben Charme, Eleganz und guten Geschmack, sie sind freundlich und friedlich. Sie mögen Schönheit und Harmonie und können in Konflikten unparteiisch sein.

Wenn sie sich jedoch einmal eine Meinung gebildet haben, mögen sie es nicht, wenn man ihnen widerspricht. Sie mögen es, wenn sie von anderen unterstützt werden.

Waagen sind sensibel für die Bedürfnisse anderer und neigen dazu, gesellig zu sein. Sie dulden keine Konflikte und Grausamkeiten und sind diplomatisch im Angesicht von Konflikten.

Sie neigen dazu, in einer konfliktreichen Situation einen Konsens zu finden. Sie schätzen die Bemühungen anderer und leben und arbeiten gerne in Teams.

Ausgestattet mit einer großen affektiven Fähigkeit, gelingt es den Eingeborenen dieses Zeichens ohne Schwierigkeiten, viele freundschaftliche Beziehungen zu pflegen, und durch diese suchen sie ihre eigene Bestätigung vor der Welt.

Jede neue Freundschaft wird als etwas Wunderbares angesehen, das intensiv gelebt werden muss.

Geleitet von ihrem ausgeprägten Gerechtigkeitssinn, sind sie stets darauf bedacht, die Empfindlichkeit anderer nicht zu verletzen. Sie suchen stets das Gleichgewicht und ziehen Kompromisse einer offenen Konfrontation vor.

Sie sind gute Freunde, weil sie lieber den Standpunkt des anderen verstehen, als eine Freundschaft zu verlieren.

In ihren intimen Beziehungen sind sie romantisch und sogar sentimental. Sie sind gute sentimentale Partner, weil sie die Position ihres Partners in einem Konflikt verstehen und tolerant gegenüber den Fehlern anderer sind.

Waage Horoskop 2024

Allgemein

Das Jahr 2024 wird nicht so hart sein wie das Jahr 2023, man muss sich also nur auf die Finsternisse konzentrieren.

Die Mondfinsternis in deinem Zeichen am 25. März kann dir ein wichtiges Ende oder einen Erfolg bringen. Du kommst vielleicht zum Ende von etwas Wichtigem, und das wird dir einen großen Einblick in deine Zukunft geben.

Du kannst erfolgreich sein mit dem, woran du schon seit einiger Zeit arbeitest, du kannst an dich und deine Fähigkeiten glauben. Dies ist die einzige Mondfinsternis in Waage in dieser Reihe von Finsternissen, daher wird die Energie stark sein.

Am 2. Oktober findet eine Sonnenfinsternis in der Waage statt, und damit kannst du dich auf einen

Neuanfang konzentrieren, Chancen ergreifen und einen völlig neuen Abschnitt in deinem Leben beginnen. Das kann mit der Sonnenfinsternis in der Waage vom 14. Oktober 2023 zusammenhängen, und das ist eine völlig neue Periode in deinem Leben. Konzentrieren Sie sich auf das, was Sie beginnen wollen und was von Ihnen Mut erfordert, und gehen Sie es an (natürlich klugerweise). Dies ist die letzte Finsternis der Waage in dieser Reihe von Finsternissen, also der letzte Schuss Energie für Ihr Zeichen, und Sie könnten sich ziemlich bedrängt fühlen.

Im weiteren Verlauf des Jahres werden Sie die Früchte Ihrer Arbeit ernten können. Dieses Jahr wird Ihnen Kontakte bringen, die Ihnen helfen werden, in Ihrem Leben voranzukommen. Du musst lernen, jede Veränderung oder Gelegenheit anzunehmen, die sich dir bietet.

Ein besseres Verständnis der Menschen und ihrer Meinungen wird dir das ganze Jahr über helfen. Es mag einige dunkle Tage geben, aber verliere nicht die Hoffnung, folge deinen Träumen und verfolge deine Ziele.
Dies ist ein gutes Jahr, um Ihre Lebenseinstellung zu ändern, denn im Allgemeinen werden fast alle Bereiche gesegnet sein.

Mit den Planeten zu Ihren Gunsten ist dies ein gutes Jahr, um Ihre Fähigkeiten und Talente der Außenwelt zu präsentieren, Waage, Sie können jetzt Ihren Wert unter Beweis stellen, da sich Ihnen von allen Seiten Möglichkeiten bieten. Zeigen Sie der Welt Ihre wahre Stärke.

Dies ist eines der besten Jahre in der Liebe. Wenn Sie alleinstehend sind, ist es möglich, dass die Liebe Ihres Lebens Ihnen in dieser Zeit einen Heiratsantrag macht, machen Sie sich bereit, zu heiraten und das Leben nach Ihren Vorstellungen zu leben. Jetzt ist die Zeit, in der Sie ein ausgezeichnetes Liebesleben genießen werden.

Es ist auch eine Zeit der Erneuerung für alle, die verheiratet sind, denn mit dem Fortschreiten des Jahres beginnen sich Ihre Beziehungen zu entwickeln und aufzublühen.

2024 wird ein Jahr voller romantischer Möglichkeiten sein. Wenn Sie in einer Beziehung sind, können Sie tiefere emotionale Verbindungen und größere Harmonie mit Ihrem Partner erwarten. Wenn Sie Single sind, könnte dies das Jahr sein, in dem Sie einen besonderen Menschen finden. Sie werden in diesem Jahr Glück haben; es ist eine ausgezeichnete Zeit, um ein Baby zu planen, falls Sie in letzter Zeit daran gedacht haben.

Bemühen Sie sich in diesem Jahr um ein ausgewogenes Verhältnis zwischen Emotionen und Romantik in Ihren Beziehungen.

Ihr beruflicher Weg wird voller Möglichkeiten sein, denn die Planeten deuten darauf hin, dass Sie neue Stellenangebote, Beförderungen oder spannende Projekte finden könnten. Es ist wichtig, dass Sie offen für Veränderungen bleiben, denn dieses Jahr könnte unerwartete Veränderungen bringen. Behalten Sie Ihre Ziele im Auge, verzweifeln Sie nicht, denn im Laufe des Jahres werden Sie Ihre finanziellen Ziele allmählich erreichen.

Dies ist ein vielversprechendes Jahr für die Waage, was die Finanzen betrifft, und sie ist sich des Überflusses sicher.

Achten Sie auf Ihre körperliche und geistige Gesundheit, denn das Gleichgewicht zu halten ist entscheidend. Integrieren Sie ganzheitliche Praktiken wie Meditation und Yoga, damit Sie geerdet und konzentriert bleiben.

Liebe

Vielleicht fühlen Sie sich von den vielen Aufgaben überfordert, was zu Konflikten mit Ihrem Partner führen kann. Versuchen Sie, eine Pause einzulegen und sich abzulenken.

Es wird Veränderungen in Ihren Beziehungen geben, was Sie wollen und brauchen, was Sie geben und wen Sie anziehen, wird neu strukturiert.
Es kann sein, dass Sie schnell und unerwartet, unter ungewöhnlichen Umständen oder mit unkonventionellen Menschen Verpflichtungen eingehen.
In diesem Jahr werden Sie nach Aufmerksamkeit streben, und das wird zu einem gewissen Drama in Ihrem Liebesleben führen.

Während der Neumonde werden ausgeglichenere Energien in Ihren Liebesbereich eintreten, Sie werden optimistischer sein, weil diese Mondphasen Sie mit einer magischen Energie versorgen, die perfekt ist, um andere Menschen anzuziehen, die gelegentlich nach Liebe suchen, aber nicht verzweifelt darauf aus sind.

Ihre Ausstrahlung ist sehr wettbewerbsorientiert, und Sie haben keine Angst, mit jemandem, von dem Sie wissen, dass er bereits einen Partner hat, Risiken einzugehen. Du solltest bei diesen Dingen vorsichtig sein.

Ihre Haltung wird bei einigen Menschen wahrscheinlich zu Enttäuschungen führen.

In Vollmondperioden können Sie Ihre Verpflichtungen gegenüber anderen stärken, wenn Sie eine gesunde Beziehung haben. Sie werden sich auch von anderen distanzieren, wenn Sie keine gute Beziehung zu ihnen haben oder es sich um giftige Menschen handelt.

Nach dem Juli werden Sie anfangen, auszugehen und interessante Menschen kennenzulernen, von denen einer Ihre Aufmerksamkeit auf sich ziehen wird, so dass Sie eine Beziehung eingehen möchten.

Es besteht die Möglichkeit, dass sich Alleinstehende zu Menschen mit einer besonderen Sensibilität wie Musikern oder Dichtern hingezogen fühlen, oder dass sie ihren Seelenverwandten in einem spirituellen Umfeld treffen.

Wirtschaft

Sie werden das ganze Jahr über hart arbeiten müssen, um die Früchte zu ernten. Nach dem 26. Mai wird Jupiter in den Zwillingen einen bedeutenden Einfluss auf Ihren Beruf haben; wenn Sie den Job wechseln wollen, ist das möglich. Der neue Job wird besser sein als der vorherige und wird sich direkt auf Ihre finanzielle Situation auswirken und diese deutlich verbessern. Wenn Sie Ihr eigenes Unternehmen haben, sollten Sie Ihrer Arbeit höchste Priorität einräumen.

Sie müssen sich besser konzentrieren, und es wird Ihnen sehr helfen, wenn Sie sich mit dem auseinandersetzen, was Sie tun wollen. Möglicherweise müssen Sie zuerst etwas über den Job lernen, was er Ihnen bedeutet, was Sie brauchen, um Ihre Arbeit besser zu machen, und was Sie bereit sind zu geben.
Sie werden in der Lage sein, gute Investitionen für Ihre finanzielle Zukunft zu tätigen und allmählich Ihre finanziellen Ziele zu erreichen, eines nach dem anderen. Dies ist ein vielversprechendes Jahr für die Waage in Bezug auf die Finanzen, und Sie können sich des Überflusses und des finanziellen Wachstums sicher sein. Bleiben Sie das ganze Jahr über konzentriert und diszipliniert.

Dieses Jahr wird ein Jahr sein, in dem Sie finanziell alles bekommen werden, was Sie sich gewünscht haben, aber es ist ein Prozess, der nicht kontinuierlich abläuft, und es wird Dinge geben, um die Sie sich kümmern müssen.

Es empfiehlt sich, zu Beginn des Jahres den Überblick über Ihr Geld zu behalten und es richtig zu verwalten, damit Sie im weiteren Verlauf des Jahres Fortschritte machen können.

Im monetären Bereich brauchen Sie ein starkes Herz, um den Finsternissen zu widerstehen, behalten Sie den Glauben, denn das Ergebnis ist gut. Sie werden für eine Weile an der Spitze der Welt stehen und dann in die Tiefe gehen. Aber in diesem Jahr deuten die Planetenbewegungen auf ein gedeihliches Jahresende hin.

Kurz gesagt, es beginnt eine Zeit großen Wohlstands und es wird Geld auf Sie herabregnen.

Sie können mit Investitionen und Glücksspielen Geld verdienen. Sie könnten auch ein neues Auto kaufen.

Waage Gesundheit

Einige Angst- und Stressprobleme können im Laufe des Jahres auftauchen. Denken Sie daran, dass Sie mit gutem körperlichem und geistigem Wohlbefinden im Leben vorankommen und Großes erreichen werden.

Die Gesundheit war letztes Jahr ein stressiger Bereich. Du hattest große Herausforderungen, weil die Planeten dich unter Stress gesetzt haben. Du musst immer noch vorsichtig mit deiner Energie im Allgemeinen sein, besonders mit deinem Energieniveau.
In diesem Jahr brauchen Sie doppelt so viel Energie, und das kann dazu führen, dass Ihre empfindlichsten Organe in Mitleidenschaft gezogen werden.

Übermäßiger Stress und eine sitzende Lebensweise können Risikofaktoren sein. Versuchen Sie, eine organisierte Routine zu haben, die einen optimalen Gesundheitszustand garantiert.
Beseitigen Sie Übergewicht, ruhen Sie sich aus und achten Sie auf eine gute Ernährung. Machen Sie Übungen, mit denen Sie angesammelte Spannungen abbauen können. Wir empfehlen Ihnen, neue Techniken wie Meditation oder Yoga auszuprobieren, die Ihrem Körper und Geist guttun.

Familie

Stress wird es in diesem Jahr in Ihrem Familienleben geben. Streitigkeiten sind unvermeidlich Pluto in diesem Sektor wird massive Veränderungen in Ihrem Haus machen und Sie werden Probleme aus Ihrer Kindheit lösen müssen.

Sie können dieses Jahr nutzen, um Ihr Leben zu Hause zu verbessern und daran zu arbeiten, Ihre Beziehungen zur Familie oder zu denen, die Sie als Familie betrachten, zu verbessern.

Ein solides Fundament ist wichtig für Sie, daher sollten Sie sich auf die Pflege und Unterstützung konzentrieren, Ihr Zuhause zu einem nährenden Ort machen und sich bemühen, Ihre Familie zu verbinden. In Ihrem Zuhause wird sich eine Metamorphose vollziehen. Ihr Zuhause und Ihr Wohlbefinden werden für Sie Priorität haben, denn Sie werden mehr Zeit zu Hause verbringen. Sie werden darüber nachdenken, umzuziehen, aber Sie werden es für 2025 lassen. Sie werden Ihr Haus verschönern und einige Dinge verändern.

Wenn Sie ältere Kinder haben, ziehen diese vielleicht in diesem Jahr von zu Hause aus. Ihre Eltern und Geschwister ziehen vielleicht um. Ihre ganze Familie wird in Bewegung sein.

Wichtige Termine

25.3. Vollmond in der Waage (Halbmondfinsternis in der Waage) *in deinem Zeichen bedeutet, dass dieser Mond eine besondere Wirkung auf dich haben wird. Es wird Zeit, sich darum zu bemühen, Ihr Leben und das Leben Ihrer Lieben zu verbessern. Das Universum bringt den Resett-Knopf auf den Tisch, auf den Sie gewartet haben.*

29/ 06- Lilith tritt in die Waage ein. *Dieser Transit kann Ihren Durst nach Gerechtigkeit verstärken, aber auch Ihre Neigung, andere Menschen zu manipulieren, meist mit guten Absichten. Sie müssen darauf achten, nicht zu unnachgiebig zu sein und zu glauben, dass Sie in Ihren romantischen und sozialen Beziehungen im Besitz der Wahrheit sind. Sie sollten es vermeiden, zynisch zu handeln, vor allem wenn Sie in der Defensive sind.*

8/ 29-Venus tritt in die Waage ein. *deutet auf übermäßige Analyse in Bezug auf affektive Themen hin.*

22.9. Die Sonne tritt in die Waage ein.

9/ 30- Sonne in Konjunktion mit Merkur in Waage. *Perfekte Zeit, um Ihre Ideen mitzuteilen.*

2.10. Anulare Sonnenfinsternis in der Waage. *Trennungen in der Liebe oder Verlobungen. Enttäuschungen oder Momente der geistigen Klarheit.*

Berufliche oder familiäre Anfänge, die mit großen Abschlüssen verbunden sind.

Monatliche Horoskope für Waage 2024

Januar 2024

In diesem Monat wird es Ihnen schwerfallen, sich an das Leben mit einer anderen Person anzupassen. Zweifellos wird dieser Prozess einige Zeit in Anspruch nehmen, aber sobald Sie sich angepasst haben, werden Sie feststellen, dass dies die beste Art zu leben ist.

Es ist an der Zeit, dass Sie den Glauben an Ihren Wert als Mensch zurückgewinnen, oder Sie werden sich weiterhin von den Menschen, die Ihnen wichtig sind, entfernen.

Wenn du dir etwas in den Kopf setzt, kannst du es auch erreichen. Lass dich in diesem Monat nicht von schlechten Schwingungen oder negativen Gedanken sabotieren. Ihr wisst nicht, welche Macht euer Geist haben kann. Vielleicht passieren negative Dinge in eurem Leben, Dinge, die ihr nicht kontrollieren könnt, aber ihr werdet in der Lage sein, all diese Probleme zu lösen. Lass deinen Verstand nicht dein Feind sein.

Sie müssen nach Motivation suchen, sich selbst ermutigen, weiterzumachen. Wenn Sie sich dieser Stimmungen nicht bewusst sind, werden Sie alle um sich herum beeinflussen.

 Wenn Sie in einer Beziehung sind, werden Sie darum bitten, zusammenzuziehen, ein Kind zu bekommen und vielleicht sogar die Hochzeitsglocken zu läuten.

Glückszahlen
11 - 20 - 23 - 30 - 33

Februar 2024

Du hast es satt, jeden zu verstehen, kostenlos Ratschläge zu erteilen und dann machen die Leute, was sie wollen. In diesem Monat musst du anfangen, dich mehr auf deine Probleme zu konzentrieren, auf dein Leben, als auf andere, erinnere dich daran, dass derjenige, der deine Probleme löst, du bist, nicht sie.

Stellen Sie sich in diesem Monat der Herausforderung, etwas Neues zu lernen. Du schiebst es immer wieder auf, es ist wichtig, dass du ein Risiko eingehst. Es könnte sich eine neue berufliche Chance ergeben; Sie wollen sich vielleicht nicht dauerhaft binden, aber Sie sollten sie vorübergehend annehmen, denn Sie werden viel Geld verdienen.

In der Liebe werden die Dinge diesen Monat gut anfangen zu laufen. Halte dich von Dramen fern, egal ob du Single oder in einer Beziehung bist.

Bestimmte astrologische Aspekte deuten darauf hin, dass Sie sich in diesem Monat verstärkt um berufliche Kontakte bemühen, die Ihnen in schwierigen Zeiten helfen können.

Ihre Intuition funktioniert auf einem hohen Niveau, wundern Sie sich nicht, wenn Sie sich in die Gedanken anderer einfühlen.

Glückszahlen

2 - 14 - 19 - 20 - 28

März 2024

Du wirst superemotionale Momente erleben, aber am Ende des Monats kommen gute Dinge. Du kannst nicht in deinen Gedanken und in allem, was du falsch gemacht hast, eingesperrt bleiben. Du musst aus dem Haus gehen; Bedauern ist keine Option.

Bei Ihrer Arbeit müssen Sie aus Ihrer Komfortzone herauskommen, auch Sie selbst fühlen sich nicht wohl dabei, immer das Gleiche zu tun. Sie sind gelangweilt und es ist der perfekte Monat, um einen Schritt weiterzugehen. Haben Sie keine Angst, Risiken einzugehen. Wenn Sie denken, dass Sie das, was Sie haben, nicht verlieren wollen, verpassen Sie Chancen, die von Vorteil sein können.

Scheuen Sie sich nicht, dieses Gespräch mit Ihrem Partner zu führen, Sie müssen Ihre Beziehungen in Ordnung bringen.

Fangen Sie an, Dinge zu tun, die Sie repräsentieren, steigern Sie Ihr Selbstwertgefühl, planen Sie eine Reise auf eigene Faust, lassen Sie sich die Haare schneiden oder beginnen Sie ein neues Hobby. Sie müssen Ihr Wesen wiederfinden oder zumindest versuchen, all die Negativität, die Ihren Geist überflutet, hinter sich zu lassen.

Auch wenn es Ihnen schwerfällt, sich selbst zu finden, wird es Ihnen guttun, Dinge zu tun, die Sie noch nie zuvorgetan haben.

Glückszahlen
8 - 10 - 12 - 15 - 24

April 2024

Versuchen Sie in diesem Monat, sich ein wenig zu entspannen und gut auszudrücken, was Sie sagen wollen. Du solltest anfangen, ein wenig an die Zukunft zu denken, und das bedeutet, dass du anfangen musst, zu sparen und bestimmte Ausgaben zu kürzen.

Sie sind fest davon überzeugt, dass Sie lieber allein sind als in schlechter Gesellschaft, weil es sich lohnt, aber Sie wollen sich auf niemanden verlassen.

Sie müssen mehr Vertrauen in sich selbst haben, in allem aktiver sein und nichts halbfertig machen. Seien Sie zuversichtlich und strahlen Sie gute Energien nach außen. Wir sind, was wir projizieren, und die Welt wird das Gleiche zu dir zurückbringen. Zweifeln Sie nicht an Ihren Talenten und Fähigkeiten, um voranzukommen. Wenn Sie einen Partner haben, erwarten Sie diesen Monat intensive Gefühle. Wenn Sie allein sind und zufällig diese Person finden, lassen Sie sie nicht gehen, aus Angst vor dem, was passieren könnte. Genießen Sie und treffen Sie dann Entscheidungen.

In diesem Monat werden Sie mehr Energie haben als sonst, denken Sie daran, sie zu schützen. Verbringen Sie keine Zeit und Mühe mit Dingen oder Menschen, die es nicht wert sind. Das kostet dich eine Menge Kraft.

In diesem Monat werden Sie anfangen, sich selbst, Ihren Körper und Ihren Körperbau im Allgemeinen besser zu fühlen.

Glückszahlen
10 - 13 - 18 - 19 - 26

Mai 2024

In diesem Monat haben Sie vielleicht eine körperliche Veränderung vorgenommen, oder Sie sind dabei, sich einer Schönheitsoperation zu unterziehen. Wenn Sie sich noch nicht entschieden haben, sollten Sie es tun.

In Ihrem beruflichen Umfeld stehen wichtige Veränderungen an, wenn Sie arbeiten, werden Sie Anerkennung erhalten, etwas, das Ihnen das Gefühl gibt, gültig zu sein.

Sie können zusätzliches Geld erhalten, Investitionen für die Zukunft tätigen, ein Risiko eingehen.

Am Ende des Monats gibt es starke Veränderungen, und Sie müssen darauf vorbereitet sein, vor allem versuchen, zuversichtlich zu sein.

Ihr müsst die dramatischen Situationen beenden, die euch nichts bringen, ihr müsst euch von einigen Menschen trennen. Wenn ihr das tut, werdet ihr erkennen, dass alles besser zu fließen beginnt und ihr in gesünderen Frequenzen schwingen werdet,

Du hast Fähigkeiten und Talente, aber nicht jeder weiß sie zu schätzen. Du bist ein Mensch mit guten Gefühlen, aber manche Menschen wollen mit ihnen spielen. Du musst wachsam sein.

Glückszahlen
1 - 7 - 17 - 18 - 23

Juni 2024

Ein neuer Monat beginnt, und du wirst ein wenig niedergeschlagen sein oder mit bestimmten Situationen konfrontiert werden, die deinen Kopf explodieren lassen. Habt Geduld, gute Dinge werden kommen.

Ihre geistige Klarheit nimmt nach dem 10. Tag zu, Ihre Konzentration auch, und das ist notwendig, um Ihnen einen Schub zu geben. Versuchen Sie, sich zu engagieren, lassen Sie keine Dinge halbfertig liegen.

Wenn Sie ein ehrgeiziges Projekt in Angriff nehmen wollen, ist dies der richtige Monat dafür.

Kontrollieren Sie Ihre Angstzustände, es gibt eine Situation, von der Sie sich fernhalten müssen, weil sie Ihnen nur Probleme bringen wird.

Kümmern Sie sich um Ihren Magen, die Nerven über die Probleme werden direkt dorthin gehen. Versuchen Sie, sich auszuruhen, denn das wirkt allem anderen entgegen. Wenn sich etwas verzögert, heißt das nicht, dass es nicht für Sie bestimmt ist. Es ist ein Prozess, den Sie lernen müssen, zu genießen.

Konzentrieren Sie sich auf das, was Sie an sich selbst mögen, und nicht auf das, was jemand anderes nicht an Ihnen mag.

Glückszahlen
1 - 15 - 16 - 22 - 35

Juli 2024

In diesem Monat wird Ihr Inneres ein Wirbelwind der Gefühle sein, es gibt viele Dinge, die Sie überdenken müssen.

Tun Sie nichts Unangemessenes, achten Sie auf Temperaturschwankungen, Sie könnten sich eine Erkältung zuziehen. Sie sind geistig schwach, haben Stress, und das schlägt sich in niedriger Energie in Ihrem Körper nieder.

Sie werden etwas ganz Besonderes von einem Menschen erhalten, etwas, das Ihnen gehören soll.

Sie sollten Ihr Gefühlsleben nicht mit Ihrem Berufsleben vermischen und lernen, Ihre Gefühle zu trennen, wenn Sie vorankommen wollen.

Das Leben wird dich vor viele Herausforderungen stellen, denke nicht, dass es gegen dich ist, sondern dass du lernen sollst, die Momente zu schätzen und mutig zu sein.

Achten Sie auf Ihre Beziehungen und die Art und Weise, wie Sie kommunizieren. Du steckst deine Nase in Dinge, die dich nichts angehen. Seien Sie vorsichtig, das kann zu Konflikten führen.

Glückszahlen
1 - 13 - 25 - 28 - 29

August 2024

Sie werden Tage der Arbeitsplatzunsicherheit haben, das sind Phasen. Das Wichtigste ist, dass Sie sich Ihren Platz suchen, den Sie verdienen. Es ist in Ordnung, wenn Sie noch nichts Festes haben oder wenn Sie das Gefühl haben, dass Ihre Pläne ins Stocken geraten sind. Das Leben besteht aus Phasen und man kann nicht alles haben. Genießen Sie den Moment, es gibt Zeiten, in denen Sie improvisieren müssen.

Einige Themen aus der Vergangenheit kehren in dein Leben zurück. Du musst stark sein, um diese Türen für immer zu schließen.

Denken Sie daran, dass Sie, wenn Sie Erfolg haben wollen, sich Menschen nähern müssen, die die gleiche Sichtweise haben, sonst werden sie nur ein Hindernis sein. Arbeiten Sie im Stillen. Seien Sie vorsichtig mit versteckten Beziehungen, mit Geheimnissen in Bezug auf jemanden, der Ihnen wichtig ist.

Lassen Sie nicht zu, dass Kritik Ihre Gefühle destabilisiert. Betrachten Sie sie als eine Gelegenheit, sich von Menschen zu trennen, die Sie nicht unterstützen können.

Sie müssen Ihre Unsicherheiten loswerden, lassen Sie nicht zu, dass sie den Kampf gewinnen und Sie um Ihre Chancen bringen.

Glückszahlen
9 - 11 - 27 - 33 - 34

September 2024

In letzter Zeit hast du das Gefühl, dass es leere Beziehungen in deinem Leben gibt und dass du derjenige bist, der sich dieser ständig bewusst sein muss. In diesem Monat wirst du erkennen, dass du in vielerlei Hinsicht anfangen musst, deinen eigenen Weg zu gehen. Du musst die Seite umblättern und das Buch der vergangenen Beziehungen wegwerfen und dich auf all diese neuen Beziehungen konzentrieren.

In der Liebe muss man sich sicher sein, was man will, und darf nicht herumalbern. Wenn Sie Single sind, haben Sie niemanden im Kopf, lassen Sie sich von niemandem ablenken und genießen Sie Ihr Singledasein.

Wenn Sie in einer Beziehung sind, müssen Sie diesen Monat das Maximum herausholen, wenn Sie nicht in eine Routine verfallen wollen. Warten Sie nicht auf Ihren Partner, um es zu tun.

Wenn Sie mit dem Gedanken spielen, eine größere Investition zu tätigen, sollten Sie auf den Rat von Menschen hören, denen Sie wichtig sind.

Gehen Sie keine verrückten Risiken ein.

Am Ende des Monats werden Sie tiefgehende Gespräche führen, die mit der Zukunft zu tun haben.

Glückszahlen
15 - 17 - 21 - 25 - 32

Oktober 2024

In diesem Monat könnte jemand versuchen, dein Selbstwertgefühl zu senken und dir das Gefühl zu geben, dass du keine Liebe verdienst. Versuchen Sie sich daran zu erinnern, dass es nur um ihre Unsicherheit geht.

Es ist an der Zeit, mehr Verantwortung zu übernehmen, was mit mehr Arbeit und Stress verbunden sein wird. Bei der Arbeit werden Sie die Früchte ernten, kreative Ideen werden im Überfluss vorhanden sein, und Ihre Finanzen werden sich verbessern. Sie müssen sehr praktisch mit Geld umgehen und lernen, es mit Bedacht zu verwalten. Erwarten Sie einen unerwarteten Zufluss von Kapital. Arbeitssuchende haben in diesem Monat eine Chance, eine Anstellung zu finden. Sie werden bereit und in der Lage sein, Hindernisse zu überwinden und den gewünschten Job zu finden.

Sie befinden sich in einer guten Phase, aber Ihr Partner wird schlecht abschneiden, und das wird Ihr Leben beeinflussen. Sie werden ihm/ihr helfen müssen.

Sie werden mehr Zeit mit Ihren Freunden verbringen können, und Sie werden feststellen, dass Ihr Beliebtheitsgrad in Ihrem Freundeskreis steigt. Vielleicht finden Sie neue Freunde.

Du musst vorsichtig sein und Unfälle vermeiden, denn du wirst einen Schreck bekommen, der dich den Tod analysieren lässt. Du wirst ihn so nah sehen, dass du das, was du hast, zu schätzen lernst und erkennst, wie wenig Sorgfalt du hast.

Glückszahlen
2 - 16 - 17 - 31 - 34

November 2024

In diesem Monat wollen Sie lieber allein zu Hause sein, als unterwegs zu sein. Du wirst dich nicht darum kümmern, deine Freunde anzurufen, und du wirst nicht viel ausgehen. Die Liebe wird sich deutlich verbessern. Wenn Sie einen Partner haben, wird es mehr Harmonie und Zuneigung geben. Sie werden sich glücklich fühlen. Wenn Sie alleinstehend sind, wird Ihr Image elegant und kultiviert sein, und das andere Geschlecht wird hinter Ihnen her sein.

Sie werden die Macht haben, alles zu beseitigen, was Ihnen nicht gefällt und Ihre Arbeit behindert, und eine neue Arbeitsweise zu strukturieren. Sie werden neue Projekte in Angriff nehmen. All diese Fortschritte werden Ihnen Sicherheit geben und Ihr Selbstwertgefühl wird steigen.

Sie brauchen eine Portion Spiritualität, die Sie noch nicht besitzen. Sie sollten sich angewöhnen, Tees zu trinken, um Ihren Darm und Ihre Nieren gesund zu halten.

Das Wichtigste ist, das emotionale Gleichgewicht zu erreichen, das Sie brauchen. Denken Sie daran: Wenn es Ihnen gut geht, werden auch Familie, Liebe und Arbeit gut funktionieren.

Überraschungen und Veränderungen in den Beziehungen zu Geschwistern oder Freunden werden

Sie überraschen. Innerhalb der Familie kann es zu Machtkämpfen kommen.

Glückszahlen
1 - 4 - 19 - 30 - 35

Dezember 2024

Es ist möglich, dass Sie in diesem Monat darüber nachdenken, an einen anderen Ort zu ziehen. Es wird Zeiten geben, in denen Sie das Gefühl haben, dass das Haus, in dem Sie leben, nicht mehr das ist, was Sie brauchen. Du wirst lernen, deine Bedürfnisse besser zu verstehen, und in dieser Hinsicht wird es ein sehr wichtiger Monat sein, denn du wirst besser auf die großen Veränderungen vorbereitet sein, die dich im Jahr 2025 erwarten.

Sie sollten auf mögliche Störungen des Darms, der Schilddrüse und Stress achten.

Bei der Arbeit werden Sie radikale Veränderungen erleben. Es wird hart sein, aber diese Veränderungen werden positiv für dich sein.

Geld wird der Höhepunkt des Monatsendes sein. Sie könnten eine Gehaltserhöhung, eine Prämie, Änderungen bei Ihren Anstellungsbedingungen oder eine Abfindung erhalten.

Sie werden glücklich sein, weil es Harmonie in Ihrem Haus und Ruhe sein wird. Sie werden Lust haben, Ihr Haus zu reparieren, die Gelegenheit zu nutzen, Altes wegzuwerfen, aufzuräumen und zu ordnen, um negative Energien zu beseitigen und die neuen und positiven Energien des nächsten Jahres hereinzulassen.

Ihr guter Humor und Ihre Freundlichkeit werden Ihnen in Ihrem Beruf helfen.

Glückszahlen
17 - 20 - 21 - 22 - 32

Die Tarotkarten, eine rätselhafte und psychologische Welt.

Das Wort Tarot bedeutet "Königsweg", es ist eine jahrtausendealte Praxis, es ist nicht genau bekannt, wer das Kartenspiel im Allgemeinen und das Tarot im Besonderen erfunden hat; es gibt die unterschiedlichsten Hypothesen in diesem Sinne.

Einige sagen, dass sie in Atlantis oder Ägypten entstanden sind, andere wiederum glauben, dass die Tarots aus China oder Indien, aus dem alten Land der Zigeuner oder durch die Katharer nach Europa gekommen sind. Tatsache ist, dass Tarotkarten astrologische, alchemistische, esoterische und religiöse Symbolik destillieren, sowohl christliche als auch heidnische.

Wenn man bis vor kurzem das Wort "Tarot" erwähnte, stellten sich manche Leute einen Zigeuner vor, der in einem von Mystik umgebenen Raum vor *einer Kristallkugel sitzt, oder sie dachten an schwarze Magie oder Hexerei, aber das hat sich heute geändert.*

Diese uralte Technik hat sich der neuen Zeit angepasst, sie hat sich mit der Technologie verbunden, und viele junge Menschen interessieren sich sehr dafür.

Junge Menschen haben sich von der Religion abgekapselt, weil sie glauben, dass sie dort nicht die Lösung für ihre Bedürfnisse finden, sie haben die Dualität der Religion erkannt, etwas, das bei der Spiritualität nicht der Fall ist. Überall in den sozialen Netzwerken findet man Konten, die dem Studium und den Tarot-Lesungen gewidmet sind, da alles, was mit Esoterik zu tun hat, in Mode ist, in der Tat werden einige hierarchische Entscheidungen unter Berücksichtigung des Tarots oder der Astrologie getroffen.

Bemerkenswert ist, dass die Vorhersagen, die normalerweise mit dem Tarot zu tun haben, nicht die gefragtesten sind, sondern die, die mit Selbsterkenntnis und spiritueller Beratung zu tun haben, am meisten nachgefragt werden.

Das Tarot ist ein Orakel, durch seine Zeichnungen und Farben, stimulieren wir unsere psychische Sphäre, den innersten Teil, der über das Natürliche hinausgeht. Viele Menschen wenden sich an das Tarot als spirituelle oder psychologische

Führer, weil wir in unsicheren Zeiten leben, und dies drängt uns, Antworten in der Spiritualität zu suchen.

Es ist ein so mächtiges Werkzeug, das Ihnen konkret sagt, was in Ihrem Unterbewusstsein vor sich geht, so dass Sie es durch die Linse einer neuen Weisheit wahrnehmen können.

Carl Gustav Jung, der berühmte Psychologe, verwendete die Symbole der Tarotkarten in seinen psychologischen Studien. Er schuf die Theorie der Archetypen, in der er eine umfangreiche Summe von Bildern entdeckte, die in der analytischen Psychologie helfen.

Die Verwendung von Zeichnungen und Symbolen, die an ein tieferes Verständnis appellieren, wird in der Psychoanalyse häufig eingesetzt. Diese Allegorien sind ein Teil von uns und entsprechen den Symbolen unseres Unterbewusstseins und unseres Geistes.

Unser Unbewusstes hat dunkle Bereiche, und wenn wir visuelle Techniken verwenden, können wir verschiedene Teile davon erreichen und Elemente unserer Persönlichkeit enthüllen, die wir nicht kennen. Wenn Sie diese Botschaften durch die bildhafte Sprache des Tarots entschlüsseln können, können Sie wählen, welche Entscheidungen Sie im Leben treffen, um das Schicksal zu erschaffen, das Sie wirklich wollen.

Das Tarot mit seinen Symbolen lehrt uns, dass ein anderes Universum existiert, vor allem in der heutigen Zeit, in der alles so chaotisch ist und für alles eine logische Erklärung gesucht wird.

Die Sonne, Tarotkarte für Waage 2024

Es bedeutet Erfolg in Ausbildung, Beruf und Kreativität.

Das kann ein Hinweis auf eine Heirat sein.

Es bedeutet gute Gesundheit.

Probleme werden überwunden. Es hat mit Geld zu tun.

Die Sonne bringt Optimismus, Zuversicht und die Energie, alles zu lösen und zu verbessern.

Er deutet in der Regel auf ein sehr positives Jahr hin.

Sie müssen Vertrauen in Ihre Fähigkeiten haben, das Glück in Ihrem Liebesleben zu finden.

Diese Karte erinnert dich daran, dass du die Macht hast, dein eigenes Glück zu erschaffen, also sei optimistisch und gib nicht auf.

Man muss Vertrauen haben, um zu bekommen, was man will.

 Die Liebe ist in Ihrem Leben präsent; Sie müssen sich ihr öffnen, damit Sie das Leben in vollen Zügen genießen können.

Diese Karte erinnert dich daran, dass das Licht immer da ist, selbst in den dunkelsten Zeiten gibt es immer ein Licht am Ende des Tunnels, und dass die Zukunft immer Hoffnung bietet.

Du musst deine Träume trotz der Hindernisse verfolgen.

Runen des Jahres 2024

Runen sind eine Reihe von Symbolen, die ein Alphabet bilden. "Rune" bedeutet Geheimnis und symbolisiert das Geräusch, wenn ein Stein auf einen anderen trifft. Runen sind eine uralte visionäre und magische Methode.

Runen dienen nicht für exakte Vorhersagen, aber sie dienen dazu, Sie über ein zukünftiges Ereignis, ein Thema oder eine Entscheidung zu informieren.

Die Runen haben eine bestimmte Bedeutung für die Person, die es will, sondern auch einige Botschaft im Zusammenhang mit den Widrigkeiten, die im Leben entstehen.

Gebo, Rune der Waage 2024

Ein erfolgreiches Jahr erwartet Sie; Sie werden Geschenke und Freundlichkeit von anderen erhalten.

Diese Rune steht für gefühlvolle Liebe, bevorstehende Verlobungen oder die Gründung einer Familie.

Gebo beeinflusst jedes Mitglied des Paares, in ausgewogener Weise zu geben und zu empfangen, um diese gefühlvolle Verbindung zu festigen.

Es ist ein Zeichen für eine mystische Energie, die sich in Ihrer Umgebung befindet und Sie unter bestimmten Umständen begünstigt.

Verachten Sie nicht die Gelegenheiten, die sich in Ihrem Leben bieten, denn sie bestätigen die Größe des Universums.

Seien Sie empfänglich für diese Geschenke und nehmen Sie die materielle Hilfe an, die sie Ihnen geben.

Diese Rune beschwört dich, mutig und risikofreudig zu sein, wenn du anderen hilfst, ohne jedoch deine Unabhängigkeit aufzugeben. Gebo warnt dich, dass die beste Partnerschaft dort ist, wo es ein Gleichgewicht gibt.

Diese Rune sagt Ihnen, dass eine günstige Zeit bevorsteht, um das zu erreichen, was Sie sich vorgestellt haben, denn sie bestätigt viele Erfolge.

Gebo symbolisiert eine perfekte Zeit, um neue Verbindungen zu knüpfen und in geschäftlichen Angelegenheiten voranzukommen.

Diese wunderbare Rune sagt voraus, dass es der perfekte Zeitpunkt ist, an dem alles, was du dir ersehnt hast, eintritt. Wenn es geschieht, denke daran, dass derjenige, der gibt, immer empfängt.

Glückliche Farben

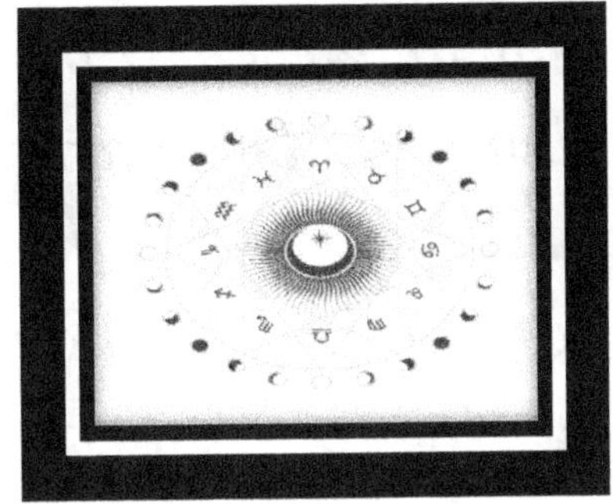

Farben haben eine psychologische Wirkung auf uns; sie beeinflussen unsere Wertschätzung von Dingen, unsere Meinung über eine Sache oder eine Person und können dazu verwendet werden, unsere Entscheidungen zu beeinflussen.

Die Traditionen zur Begrüßung des neuen Jahres variieren von Land zu Land, und in der Nacht zum 31. Dezember ziehen wir Bilanz über all die positiven und negativen Dinge, die wir im zu Ende gehenden Jahr erlebt haben. Wir beginnen zu überlegen, was wir tun können, um unser Glück im neuen Jahr zu verbessern.

Es gibt mehrere Möglichkeiten, positive Energien zu uns zu ziehen, wenn wir das neue Jahr empfangen, und eine davon ist, Accessoires in einer bestimmten Farbe zu tragen, die das anzieht, was wir uns für den Beginn des Jahres wünschen.

Farben haben energetische Ladungen, die unser Leben beeinflussen, daher ist es immer ratsam, das Jahr in einer Farbe zu beginnen, die die Energien dessen anzieht, was wir erreichen wollen.

Dafür gibt es Farben, die mit jedem Sternzeichen positiv schwingen. Die Empfehlung ist also, dass Sie die Kleidung mit dem Farbton tragen, der Sie im Jahr 2024 Wohlstand, Gesundheit und Liebe anziehen lässt. (Diese Farben können auch während des restlichen Jahres für wichtige Anlässe oder zur Verschönerung Ihrer Tage verwendet werden).

Denken Sie daran, dass, obwohl die meisten gemeinsamen ist, es, rote Unterwäsche für Leidenschaft, rosa für die Liebe und gelb oder Gold für Reichtum tragen, ist es nie zu viel, um in unserer Kleidung die Farbe, die die meisten Vorteile unserer Sternzeichen zu befestigen.

Waage

Blau

Blaue Schlüsselwörter: *Stabilität, Vertrauen, Weisheit, Intelligenz, Glaube, Wahrheit, Ewigkeit.*

Blau ist eine beruhigende Farbe und wird mit dem Geist, der intellektuellen Seite in Verbindung gebracht.

Blau lässt uns entspannt und ruhig fühlen, wie das dunkle Meer bei Nacht.
Blau gibt uns das Gefühl, vor all dem Trubel und den täglichen Aktivitäten geschützt zu sein, und ist ratsam bei Schlaflosigkeit.
Blau hilft, den Geist zu kontrollieren, klare Ideen zu haben und kreativ zu sein. Ihr wird die Eigenschaft zugeschrieben, eine reine Farbe zu sein, weshalb sie mit Stabilität und Vertrauen in Verbindung gebracht wird.

Das Betrachten eines blauen Objekts für einige Minuten reduziert Ängste und Spannungen, und die Meditation mit einer blauen Kerze hilft, die Kommunikation zu verbessern.

Seit dem Altertum ist diese Farbe ein Symbol für die Verbindung zwischen Himmel und Erde, da sie die Göttlichkeit darstellt. Diese Farbe verbindet uns mit Weisheit, Liebe und Mitgefühl und hilft uns, die Wahrheit zu finden.
Er steht für Gelassenheit, da er das Gleichgewicht der Energien fördert, vor negativen Energien schützt und Geist und Körper reinigt.

Glücksbringer

Wer besitzt nicht einen Glücksring, eine Kette, die nie abfällt, oder einen Gegenstand, den er für nichts auf der Welt hergeben würde? Wir alle schreiben bestimmten Gegenständen, die uns gehören, eine besondere Kraft zu, und dieser besondere Charakter, den sie für uns annehmen, macht sie zu magischen Gegenständen.

Damit ein Talisman wirken und die Umstände beeinflussen kann, muss sein Träger Vertrauen in ihn haben, was ihn in einen wunderbaren Gegenstand verwandelt, der alles, was von ihm verlangt wird, erfüllen kann.

In der Regel ist ein Amulett ein Gegenstand, der das Gute besänftigt, um Böses, Schaden, Krankheiten und Hexerei zu verhindern.

Amulette für Glück können Ihnen helfen, ein Jahr 2024 voller Segen in Ihrem Zuhause, bei der Arbeit, mit Ihrer Familie zu haben, Geld und

Gesundheit anzuziehen. Damit die Amulette richtig funktionieren, sollten Sie sie nicht an andere verleihen und immer zur Hand haben.

Amulette gab es in allen Kulturen und sie werden aus Elementen der Natur hergestellt, die als Katalysatoren für Energien dienen, die dazu beitragen, menschliche Wünsche zu erfüllen.

Dem Amulett wird die Macht zugesprochen, Übel, Zauber, Krankheiten und Katastrophen abzuwehren oder bösen Wünschen entgegenzuwirken, die durch die Augen anderer gewirkt werden.

Amulett für Waage

Auge des Horus

Es ist ein Talisman, der den Träger vor Krankheiten, vor lauernden Gefahren und vor dem bösen Blick schützt. Das Auge des Horus symbolisiert Gesundheit, Wohlstand und die Fähigkeit, wiedergeboren zu werden. Es ist ein Schutzschild gegen Unglück und giftige Energien, die uns erreichen.

Darüber hinaus ermöglicht es Wohlstand und Glück, einzutreten und jede Dunkelheit oder jeden Fluch zu überwinden.

Zusätzlich zu seinen Vorteilen als Beschützer enthält er alle mathematischen Symbole, mit denen die alten Ägypter Brüche darstellten.

Es ist ein sehr positives Amulett, das Sie verwenden können, um sich vor dem Bösen zu schützen und positive Energien in Ihren persönlichen Raum anzuziehen. Es reinigt den Körper von Giftstoffen und schlechten Energien und hilft dir, inneren Frieden zu finden.

Sie gleicht aus und repariert, was zerbrochen oder geschwächt ist, das heißt, sie steigert das Wohlbefinden. Er ist ein Symbol der Erneuerung, das zur Verbesserung der körperlichen und geistigen Gesundheit eingesetzt wird.

Er steht für die Kraft des Ewigen, die sich mit der Zeit nicht verändert. Er wird Ihnen helfen, Position und Stabilität zu erreichen und Ihren Zielen Festigkeit zu verleihen. Er gibt Kraft, Mut und Weisheit.

Glücksquarz

Wir alle fühlen uns zu Diamanten, Rubinen, Smaragden und Saphiren, also zu Edelsteinen, hingezogen. Halbedelsteine wie Karneol, Tigerauge, weißer Quarz und Lapislazuli werden ebenfalls sehr geschätzt, da sie schon seit Tausenden von Jahren als Schmuck und Machtsymbol verwendet werden.

Was viele nicht wissen, ist, dass sie nicht nur wegen ihrer Schönheit geschätzt wurden: Jede von ihnen hatte eine heilige Bedeutung, und ihre heilende Wirkung war ebenso wichtig wie ihr dekorativer Wert.

Die meisten Menschen kennen die bekanntesten Kristalle wie Amethyst, Malachit und Obsidian, aber heutzutage sind auch neue Kristalle wie Lari mär, Petalit und Phenakit bekannt geworden.

Ein Kristall ist ein fester Körper mit geometrisch regelmäßiger Form, Kristalle entstanden bei der Entstehung der Erde und haben sich im Laufe der Veränderungen des Planeten immer weiter gewandelt, Kristalle sind die DNA der Erde, sie sind Miniaturspeicher, die die Entwicklung unseres Planeten über Millionen von Jahren enthalten.

Einige wurden enormem Druck ausgesetzt, andere wuchsen in tief unter der Erde vergrabenen Kammern heran, wieder andere entstanden durch Tropfen. Unabhängig von ihrer Form kann ihre kristalline Struktur Energie absorbieren, bewahren, bündeln und abgeben.

Das Herzstück des Kristalls ist das Atom, seine Elektronen und Protonen. Das Atom ist dynamisch und besteht aus einer Reihe von Teilchen, die sich in ständiger Bewegung um das Zentrum drehen, so dass der Kristall, auch wenn er unbeweglich zu sein scheint, eine lebendige Molekülmasse ist, die mit einer bestimmten Frequenz schwingt, und das ist es, was dem Kristall Energie verleiht.

Edelsteine waren früher ein königliches und priesterliches Vorrecht. Die Priester des Judentums trugen eine mit Edelsteinen besetzte Plakette auf der Brust, die weit mehr als ein Emblem zur Kennzeichnung ihrer Funktion war, denn sie übertrug Macht auf den Träger.

Seit der Steinzeit haben die Menschen Steine getragen, da sie eine Schutzfunktion hatten und ihre Träger vor verschiedenen Übeln bewahrten. Die heutigen Kristalle haben die gleiche Kraft, und wir können unseren Schmuck nicht nur nach ihrer äußeren Attraktivität auswählen. Sie in unserer Nähe zu haben, kann unsere Energie steigern (orangefarbener Karneol), den Raum um uns herum reinigen (Bernstein) oder Reichtum anziehen (Citrin).

Bestimmte Kristalle wie Rauchquarz und schwarzer Turmalin können Negativität absorbieren und strahlen eine reine und saubere Energie aus.

Ein schwarzer Turmalin, den man um den Hals trägt, schützt vor elektromagnetischen Ausstrahlungen, auch vor denen von Mobiltelefonen. Ein Citrin zieht nicht nur Reichtum an, sondern hilft auch, ihn zu bewahren, indem man ihn im wohlhabenden Teil des Hauses platziert (hinten links, weit weg von der Eingangstür).

Wenn Sie auf der Suche nach Liebe sind, können Kristalle Ihnen helfen. Stellen Sie einen Rosenquarz in die Beziehungsecke Ihres Hauses (die hintere rechte Ecke, die am weitesten von der Eingangstür entfernt ist), seine Wirkung ist so stark, dass Sie vielleicht einen Amethyst hinzufügen möchten, um die Anziehung auszugleichen.

Du kannst auch Rhodochrosit verwenden, die Liebe wird deinen Weg finden.

Einige Kristalle enthalten Mineralien, die für ihre therapeutischen Eigenschaften bekannt sind. Malachit hat eine hohe Konzentration an Kupfer, und das Tragen eines Malachit-Armbandes ermöglicht es dem Körper, minimale Mengen an Kupfer aufzunehmen.

Lapislazuli lindert Migräne, aber wenn die Kopfschmerzen durch Stress verursacht werden, lindern Amethyst, Bernstein oder Türkis oberhalb der Augenbrauen die Schmerzen.

Quarze und Mineralien sind Juwelen von Mutter Erde. Geben Sie sich die Gelegenheit und verbinden Sie sich mit der Magie, die sie ausstrahlen.

Glücksquarz für Waage 2024

Rosenquarz

Es steigert das Selbstwertgefühl. Es wird bei Kindern verwendet, die Liebe brauchen, um ihre Energiezentren zu stabilisieren. Es wird verwendet, um Liebe anzuziehen und arbeitet als Instrument, um Ihre emotionale Seite mit Ihrer Herzfrequenz auszugleichen.

Er ist die notwendige Ergänzung auf Ihrer spirituellen Reise, ein Quarz mit einer außergewöhnlichen Kraft, die Ihnen Verbesserungen für Ihre Gesundheit bringen kann. Dieser Quarz ist berühmt für seine Kraft und dafür, dass er einer der wirksamsten Steine ist, wenn es um Heilung geht.

Dank seiner Schwingungen kann er negative Energien absorbieren und sie durch positives Ersetzen. Diese Energien sind für die Öffnung des Herz-Chakras verantwortlich.

Waage und Tierkreiszeichen Kompatibilität

Die Waage ist von der Harmonie fasziniert und bemüht sich beharrlich, in allen Bereichen ihres Lebens ein Gleichgewicht herzustellen. Waage ist ein Luftzeichen, es behält die Unparteilichkeit, die notwendig ist, um immer gerecht zu sein, dank seiner geistigen Tiefe, die es das sozial ausdrucksvollste Zeichen des Tierkreises macht.

Verführerisch und beliebt bei seinen Freunden, entwickelt sich die Waage im Alltag zur Perfektion und ist der legitime Ästhet des Tierkreises. Venus, der Planet der Liebe, der Schönheit und des Geldes, regiert Stier und Waage, aber die Analogie der Waage zur Venus ist anders als die des Stiers.

Für die Waage ist ihr romantisches Temperament völlig intellektuell, sie liebt die Kunst und die Intellektualität. Dieses vornehme Zeichen kann man bei der Verkostung von Weinen oder bei der Lobpreisung von Werken der modernen Kunst antreffen.

Die Waage muss sich mit Gegenständen umgeben, die ihre Interessen zum Ausdruck bringen, und ist deshalb ein ausgezeichneter Künstler.

Die Vorlieben der Waage dürfen nicht als Indiz für ihre Gleichgültigkeit gegenüber dem, was unter der Oberfläche liegt, missverstanden werden. Der Waage geht es um Fairness und darum, für andere zu kämpfen, für das, was gerecht ist, und deshalb wird sie die Rolle eines weisen und gerechten Schiedsrichters übernehmen, wenn die Situation es erfordert.

Die Waage wird niemals herrschsüchtig sein und mit ihrer Moral prahlen, und dieses zarte Zeichen kann Probleme lösen, ohne sich anzustrengen.

Waage symbolisiert wir, Beziehungen sind wesentlich für Waage, die Gleichgewicht in der Beziehung findet, aus diesem Grund Waage muss vorsichtig sein, nicht zu suchen Aufmerksamkeit außerhalb der Bedingungen mit ihrem Partner vereinbart.

 Die Waage will, dass alle zufrieden sind und könnte versucht sein, über die Grenzen des Flirts hinauszugehen. Die Waage wird vor nichts zurückschrecken, um akzeptiert zu werden, auch wenn das bedeutet, dass sie ihre derzeitigen Beziehungen aufs Spiel setzt.

Als kardinales Zeichen ist die Waage sehr gut darin, neue Ideen zu entwickeln, und kann in jeder Situation alle möglichen Alternativen sehen. Indem sie alle Perspektiven in Betracht zieht, fällt es ihr schwer, sich zu entscheiden, da sie ständig die Waage im Gleichgewicht hält.

Dieses Luftzeichen ist von der körperlichen Erscheinung motiviert, Eitelkeit kann eine Schwäche der Waage sein, und sie kann sich zu sehr auf einen

Partner konzentrieren, der ihrer ästhetisch gewünschten Form entspricht.

Einen guten Geschmack zu haben, ist keine schlechte Sache, außerdem ist das Schlüsselwort der Waage Feingefühl, und abruptes oder unterdrückerisches Verhalten wie SMS im 3-Minuten-Takt, E-Mails zu jeder Tageszeit oder der Versuch, die Beziehung zu früh abzuschließen, nerven ihn.

Die Waage sucht eine elegante und sich allmählich entwickelnde Beziehung. Sie und ihr Partner sollten Liebe und Vertrauen Schritt für Schritt aufbauen und eine Verbindung herstellen, die auf einem gleichzeitigen Interesse an den schönen Dingen beruht. Wenn Sie eine Romanze mit der Waage beginnen wollen, sollten Sie eine Vernissage oder eine klassische Oper besuchen.

Die Waage liebt es, verliebt zu sein, sie stürzt sich oft, ohne zu zögern in eine Romanze, sie ist sanft und zart, und zwischen Soireen mit schwarzer Krawatte, Ausflügen in Amphitheater und spontanen Kinobesuchen können sich Verabredungen mit der Waage wie eine Affäre oder das Drehbuch eines romantischen Films anfühlen.

Dieses verführerische Luftzeichen versteht es, zu überraschen, aber in diesen übertriebenen Balzmanövern steckt auch eine Menge Vorsatz.

Die Waage hat eine sehr klare Vorstellung davon, was sie sich wünscht, und es fällt ihr leicht, ihren Partner so zu formen, dass er genau diesen Wünschen entspricht, ohne zu bedenken, dass ihre eigenen Wünsche vielleicht anders sind.

Wenn er eine Beziehung mit der Waage eingeht, wird er wissen, wie man Eleganz zeigt, und der beste Weg, um zu erkennen, ob die Waage wirklich auf die Beziehung konzentriert ist, ist nicht durch elementare romantische Gesten, sondern durch subtile Zeichen der Zuneigung.

Die Waage ist besessen davon, erobert zu werden, und obwohl körperliche Intimität wichtig ist, braucht dieses Sternzeichen beim Sex geistige Vorspiele, die zur Erregung führen.

Manche Sternzeichen werden durch die Fantasie direkter sexueller Begegnungen angeregt, aber die aristokratische Waage hält diese leidenschaftlichen Begegnungen für zu prosaisch.

Die Waage ist allergisch gegen Konflikte. Zunächst ist dieses friedliche Verhalten perfekt, aber es kann das größte Hindernis für ihre Partner sein, denn um sie nicht zu entzaubern, greifen sie oft zu barmherzigen Lügen und Halbwahrheiten.

Es ist wichtig, daran zu denken, dass die Waage nicht manipulativ sein will, sie will einfach nicht, dass Sie wütend auf sie sind.

Gleichzeitig muss die Waage bedenken, dass wir im Leben keine goldene Modeerscheinung sein können und dass es ein Ding der Unmöglichkeit ist, von allen gemocht zu werden.

In Beziehungen muss man ehrlich sein, und gesunde Konflikte bieten die Möglichkeit zu wachsen, zu lernen und Grenzen zu setzen, wenn es nötig ist.

Kompromisse beruhen auf einem ehrlichen Dialog, und wenn Sie Ihre Meinungsverschiedenheiten zum Ausdruck bringen, verhindern Sie auch, dass die Waage mit der Zeit apathisch und nachtragend wird, dass sie in Bedrängnis gerät und dass es zu einer Trennung kommt.

Die Waage kennt sich mit Trennungen aus. Dieses Zeichen ist glücklich, wenn es in einer Beziehung ist, aber es ist nicht überraschend, dass es sich ständig in und aus Beziehungen bewegt.

In ihrer bewundernswerten Welt würden Trennungen nicht vorkommen. Die Waage hält sich immer alle Optionen offen, auch wenn sie in einer ernsten Beziehung ist.

Wenn die Waage mit ihrem Partner Schluss macht, tut sie das mit einer charmanten Sprache, denn sie will sich immer die Tür offenhalten, und wenn sie mit ihm Schluss machen will, wird sie das Unmögliche tun, um das zu verhindern.

Die Waage ist sehr besorgt über die Meinung, die sie bei anderen hervorruft, und zieht es vor, die Wertschätzung ihres Ex-Partners zu erhalten, anstatt ihn für immer zu entfremden.

Die Waage ist der Romantik zugetan, ist aber um ihren Ruf besorgt. Dieses Zeichen ist sehr flexibel und kann die Gefühle seiner Partner zum Ausdruck bringen. Aus diesem Grund wird es die Fackeln der Feuerzeichen entfachen, mit den Wasserzeichen Flutwellen bilden, mit den Erdzeichen Gebirgszüge errichten und mit den Luftzeichen wirksame Wirbelstürme aufrechterhalten, denn das Ziel der Waage ist es, ein gleichmütiges, heiteres und harmonisches Leben mit ihrem Partner zu schaffen.

***Waage und Widder** sind ein faszinierendes Paar. Der Widder ist für seine wilde Autonomie bekannt, und wenn sich diese beiden Zeichen paaren, bilden sie ein abenteuerliches Duo. Diese Beziehung symbolisiert das Sprichwort "Gegensätze ziehen sich an": Die Waage spricht durch uns, während der Widder durch mich agiert. Und obwohl sich beide Zeichen an die individuelle Herangehensweise des jeweils anderen anpassen müssen, kann dieses Duo eine ausgezeichnete und unzerstörbare Koalition bilden.*

Waage und Stier fühlen sich *sofort zueinander hingezogen. Beide werden von Venus regiert, und diese Zeichen sind von der Romantik fasziniert. Der Stier hat jedoch eine besondere Beziehung zur Liebe, er verlangt greifbare Zuneigung.*

Die Waage hingegen ist viel intellektueller, für die Waage geht Perfektion Hand in Hand mit Koketterie und einer perfekten sozialen Vornehmheit.

Obwohl sie mit diesen Ungleichheiten zurechtkommen müssen, gleichen Waage und Stier mit ihrer Gelassenheit und Gerissenheit die Irritationen des Stiers aus, und die häuslichen Vorzüge des Stiers perfektionieren die Ästhetik der Waage. Alles in allem sind Waage und Stier ein fabelhaftes Paar.

Waage und Zwillinge *sind verwandte Sternzeichen, und wenn sie zusammen sind, prallen die Geister aufeinander. Sowohl der rücksichtslose Zwilling als auch die vornehme Waage sind von intellektueller Unterhaltung fasziniert, so dass dieses Paar es genießen wird, Hobbys und gemeinsamen Errungenschaften nachzugehen.*

Die Zwillinge werden von der zarten Berührung der Waage stimuliert, während die Waage die unternehmerische Energie der Zwillinge lieben wird. Obwohl Waage und Zwillinge ein wunderbares Paar sind, sollte jeder von ihnen darauf achten, dass die Beziehung Vorrang hat.

Ihr wollt beide, dass eure Freunde euch mögen, und wenn ihr nicht genau kommuniziert, kann das dazu führen, dass ihr euch falsch versteht.

Um eine Beziehung aufzubauen, die auf Vertrauen und Ehrlichkeit beruht, müssen Sie sich Zeit nehmen, um zusammen zu sein, ohne dass Sie eine Bestätigung von außen brauchen.

Die Beziehung zwischen **Waage und Krebs** ist nicht einfach zu führen. Der Krebs ist beschützend, während die Waage sehr sozial ist. Die Waage, die Menschen gerne mag, kann übermäßig besessen von ihrem populären Image sein, was dem Krebs, der sich nach Schutz sehnt, schaden wird.

Das Streben der Waage, es anderen immer recht machen zu wollen, kann das Sicherheitsgefühl des Krebses bedrohen. Diese Beziehung kann jedoch funktionieren, da der Krebs die Waage lehren kann, ihren Blick nach innen zu richten, und die Waage den Krebs aus seiner harten Schale herausholen kann. Wenn beide vernünftig sind, wird diese Paarung eine unglaubliche Entwicklung ermöglichen.

Waage und Löwe *arbeiten außerordentlich gut zusammen, Waage und Löwe sind gute Freunde. Distinguierend Waage behandelt Leo wie Monarchie, und Leo verehrt Waage soziale Gnade.*

Dieses Paar liebt es, Partys zu besuchen, und sie ermutigen sich gegenseitig, ihre Seelen zu umarmen. Beide lieben es, zu gefallen; der Löwe ist jedoch nicht am Kollektiv interessiert, er möchte, dass sein Partner ihn vollkommen über alles und jeden verehrt.

Die Waage, die die Rolle des kosmischen Botschafters spielt, könnte mit der rigorosen Monarchie des Löwen unzufrieden sein. Glücklicherweise ist ein Aufstand nicht notwendig, die Spannung zwischen Waage und Löwe kann durch einen aufrichtigen Dialog beruhigt werden.

Wenn die beiden in Einheit ihre eigene Herrschaft aufbauen, die auf Sicherheit und Loyalität beruht, kann die Beziehung fabelhaft sein.

Waage und Jungfrau *sind wie ein Fließband. Die Rolle der Jungfrau ist es, einen Kontext zu untersuchen, während die Rolle der Waage darin besteht, ihn zu ebnen. Diese Rollen sind miteinander verbunden, und da Waage und Jungfrau im Tierkreis nebeneinanderstehen, wissen sie, wie sie zusammenarbeiten können. Sie geben sich gegenseitig*

Informationen weiter und verlassen sich dabei auf die einzigartigen Fähigkeiten des jeweils anderen.

Die Waage lässt sich von dem gewissenhaften Blick der Jungfrau inspirieren, und die Jungfrau verliebt sich in das Feingefühl der Waage, doch es fällt ihnen schwer, ihre individuellen Ziele zu erreichen.

Die Jungfrau bringt die Waage aus der Fassung, während sich die Jungfrau durch die hochmütige Eigenschaft der Waage vernachlässigt fühlt. Wenn Waage und Jungfrau ihr Verhalten ändern und der Beziehung Aufmerksamkeit schenken, kann sie außerordentlich fruchtbar sein.

Waage und Waage *sind eine Beziehung, in der die Harmonie aufblitzt, wenn sie zusammenkommen. Diese Beziehung kann sich schnell entwickeln und schneller von Null auf Hundert gehen als ein Raumschiff.*

Sie sollten sich vergewissern, bevor sie sich binden, dass sie in eine Verbindung investieren, die von Dauer sein soll. Als Vermittler versucht die Waage, Problemen aus dem Weg zu gehen. Das mag zwar ideal sein, aber es ist ein Rezept für Katastrophen. Diese Ambivalenz fördert Ressentiments und viele gemischte Gefühle. Diese beiden Zeichen müssen lernen, sich zu verständigen und einander zu gleichen Teilen zuzuhören. Wenn das Waage-Quadrat-Duo lernt, ehrlich zu sprechen, wird es eine einfache Angleichung sein.

Waage und Skorpion, eine feurige Beziehung zwischen der Anziehungskraft des Skorpions auf die Schönheit der Waage und der Anziehungskraft der Waage auf den Mystizismus des Skorpions herrscht sofortige Chemie zwischen diesen Zeichen.

Waage und Skorpion werden viele Sexnächte haben, aber über den Sex hinaus wird die Waage etwas mehr Farbe verlangen, und die Stärke des Skorpions macht ihm Angst. Die Waage liebt es, alle sozialen Interaktionen leicht und einfach zu halten, und der Skorpion wird durch die charakteristische Unsicherheit der Waage abgeschreckt.

Wenn dieses Paar seine intellektuellen Wünsche mit seinen Leidenschaften in Einklang bringen kann, wird es eine unglaubliche Kraft sein.

Waage und Schütze, das ist die perfekte Kombination. Bei der Waage dreht sich alles um Gegenseitigkeit, und dieses denkende Luftzeichen ist mehr an dem Konzept der Gerechtigkeit interessiert als an der Beziehung selbst. Interessanterweise stellt auch der Schütze die Idee einer Beziehung über die Realität. Obwohl diese Paarung nicht immer perfekt ist, weil die Waage Konflikte verabscheut, während der Schütze gerne die Fahnen der Gegensätzlichkeit schwenkt, ist die gemeinsame Energie dieser Zeichen ansteckend.

Die Waage freut sich, den Schützen auf seinen Wanderungen zu begleiten, und der Schütze nährt das Verlangen der Waage durch sein gleichzeitiges Interesse an der Kunst. Wenn diese beiden Zeichen zusammenkommen, ist ihre Beziehung natürlich und außerordentlich sexuell.

Waage und Steinbock, eine komplizierte Beziehung. Der unerschütterliche Steinbock bewundert die Wertschätzung der Waage für Fairness und ermutigt sie, weiter zu üben. Im Waage-Universum ist sozialer Frieden wichtiger als Ehrlichkeit, und so kann sich das Paar verheddern, wenn Steinbock sich vor Waage hochnäsiger Art fürchtet und Waage beginnt, Steinbocks Ansichten zu ernst und konservativ zu finden.

Damit sie als Paar funktionieren können, müssen sie die Unterschiede des anderen respektieren und genügend Kompromisse eingehen, aber wenn sie sich dazu entschließen, können sie eine starke Beziehung aufbauen.

Waage und Wassermann sind beide Luftzeichen und befassen sich mit sozialen Fragen. Die Waage besteht darauf, von allen gemocht zu werden, während die Interessen des Wassermanns eher auf die politische Struktur ausgerichtet sind.

Der Wunsch des Wassermanns war es schon immer, gegen die bestehende Ordnung zu rebellieren, und das macht dem Vermittler Waage Angst. Mit der Zeit akzeptiert und versteht die Waage die Losgelöstheit des Wassermanns. Wenn der Wassermann lernt, die Unschuld der Waage und ihren Wunsch, allen zu gefallen, zu akzeptieren, liebt er die Freiheit, die ihm dieses Temperament bietet.

Wenn dieses Paar in seinen üblichen Werten und Interessen übereinstimmt, ist die Beziehung energiegeladen, intellektuell und außergewöhnlich schön.

Waage und Fische sind beide Friedensstifter und strukturieren ihre Beziehung durch ihre gegenseitige Liebe zu Freundlichkeit und Gerechtigkeit. Sie lassen sich von der Kunst inspirieren und bereichern ihre Wochenenden mit Konzerten, Opern, Museumsbesuchen und Handwerksworkshops.

Die Fische sind das letzte Zeichen des Tierkreises und besitzen ein Wissen, das sich manchmal auf intensive Weise mit ihren Partnern manifestiert. Dieses tiefe

Wasser kann die Waage aus der Fassung bringen, die als Luftzeichen immer versucht, eine heitere und fröhliche Haltung einzunehmen.

Diese Beziehung gibt beiden einen Grund zu kämpfen, da Waage den Fischen zeigt, wie sie sich aufheitern können, und Fische der Waage helfen, tief in ihr Unterbewusstsein zu blicken.

Waage und Berufung

Die Waage ist ein sehr unentschlossenes und faires Zeichen. Es ist verführerisch und romantisch. Er liebt die Liebe zum Detail und sein Bedürfnis nach Frieden und Harmonie lässt ihn das Gleichgewicht unter anderen suchen.

Er ist ein Stratege, der mit seinen Ansätzen versucht, Differenzen zu beenden und Kompromisse zu schließen.

Beste Berufe

Waagen sind diplomatisch, gesellig, charismatisch und arbeiten sehr gut mit anderen zusammen. Sie lieben neue Situationen und schließen Freundschaften mit Menschen aus verschiedenen Lebensbereichen. Die Waage kann in einem monotonen Arbeitsumfeld nicht gedeihen; sie braucht Begeisterung und öffentlichen Kontakt. Anwälte, Psychologen, spirituelles Coaching, Astrologen, internationale Beziehungen, Veranstaltungsplanung und Manager.

Zeichen, mit denen man keine Geschäfte machen sollte

Jungfrau und Steinbock sind zwei Zeichen, die der Waage eine Menge Stress bereiten. Ihre Lebensauffassung ist völlig unterschiedlich.

Zeichen, die in Verbindung gebracht werden mit

Stier, Fische, Löwe und Schütze. Diese Zeichen streben danach, die Besten zu sein und die erfolgreichsten Geschäfte zu machen.

Geld-Rituale

Apfel- und Eierzauber für Wohlstand.

Du solltest einen roten Apfel kaufen und ein Ei kochen und beides am ersten Sonntag eines jeden Monats essen, vorzugsweise zu den Stunden der Sonne, des Planeten Venus oder Jupiter. Wenn du das auf nüchternen Magen tun kannst, wird es noch effektiver sein.

Das Senfkreuz für den Überfluss

Sie benötigen:

-1 Weißbuch

- Weißer Leim

- Getreidesenf

Zeichne auf das weiße Papier mit dem Kleber einen fünfzackigen Stern, auf den du den Senf gibst, er muss auf dem Papier haften. Warten Sie, bis es getrocknet ist, und legen Sie das Papier unter Ihre Matratze auf der Seite, auf der Sie schlafen. Du wechselst das Papier jeden Monat in der Phase der Mondsichel. Wenn Sie dies an einem Donnerstag zur Zeit der Venus tun können, ist es noch effektiver. Das Papier, das du wegwirfst, kannst du in den Müll werfen. Sie können auch einen kleinen Tontopf nehmen, ihn mit Senf füllen und ihn am Eingang des Geschäfts platzieren. Sie sollten ihn am ersten Tag eines jeden Monats austauschen.

Zaubern, um bei Glücksspielen zu gewinnen.

Sie benötigen:

- 1 grüne Kerze

- 1 grünes Papier

- 22 Tropfen Sandelholzöl

Schneide die Kerze in zwei Teile. Der Teil mit dem Docht wird mit Sandelholzöl bestrichen. Schreibe auf das Papier die Zahlen, die du gespielt hast, zünde die Kerze an und verbrenne das Papier.

Den anderen Teil der Kerze trägst du in deiner Tasche oder Handtasche, bis du das Ergebnis kennst. Dann wirfst du die Kerze in den Papierkorb.

Haus-Schutzzauber.

Nimm 7 Blätter der männlichen Weinraute und 7 Basilikumblätter. Lassen Sie sie an einem dunklen, trockenen Ort schnell trocknen. Zerkleinern Sie die Kräuter und geben Sie sie in ein kleines Glasgefäß. Füllen Sie das Glas mit Alkohol oder Gin. Lassen Sie die Mischung zwei Tage langziehen.

Verdünnen Sie die Mischung in einem Eimer mit 10 bis 15 Litern Wasser. Mit dieser Mischung führen Sie eine Tiefenreinigung Ihres Hauses durch. Sie sollten diese Reinigung an einem Freitag zur Zeit des Planeten Mars durchführen.

Bad, um die Pfade der Fülle zu öffnen.

Sie benötigen:

 - Blätter der Pflanze öffnen Wege

- Minzblätter

- Guavenblätter

- Aguardiente

- Florida Wasser

- Heiliges Wasser

- Gelbe Kerze

Du kochst den Öffner, die Guave, die Minze und das Basilikum in einem Liter heiligem Wasser. Lass die Mischung abkühlen und seihe sie ab.

Füge mehr heiliges Wasser, Aguardiente und Aguaflorida hinzu. Dann zündest du die Kerze im Namen deiner Geistführer an dem Ort an, an dem du dein Bad nehmen wirst.

Nach dem üblichen Bad gießen Sie diese Flüssigkeit von den Schultern abwärts und trocknen sich nicht ab.

Dieses Bad sollte montags zur Zeit der Sonne oder des Planeten Merkur genommen werden.

Bad mit Petersilie für Fülle.

Sie sollten Petersilienblätter, Minze, Zimt und Honig besorgen.

Geben Sie die Pflanzen in einen Topf und lassen Sie sie drei Minuten lang kochen, ohne dass sie dabei kochen.

Fügen Sie den Honig und den Zimt hinzu und seihen Sie es dann ab. Nehmen Sie wie gewohnt ein Bad. Am Ende des Bades gießen Sie das zubereitete Wasser über Ihren Körper, vom Hals abwärts, während Sie positiv darüber nachdenken, dass Sie Geld in Ihr Haus anziehen, und sich vorstellen, dass Sie im Überfluss leben.

Hausgemachtes Amulett für Geld.

Lege in einen goldenen oder silbernen Beutel einen kleinen Magneten, ein wenig Safran, drei Zimtstangen, fünf Reiskörner und eine goldene chinesische Münze. Versuche, diesen Beutel immer bei dir zu tragen und ihn von Zeit zu Zeit zu berühren.

Zauberspruch zum Bezahlen von Schulden.

Sie müssen eine gelbe Kerze, eine grüne Kerze und eine weiße Kerze besorgen. Auf jede Kerze schreiben Sie mit einer Nähnadel die Namen der Personen oder Gläubiger, denen Sie Geld schulden, von der Mitte aufwärts.

*Dann schreibst du deinen vollen Namen von der Mitte aus nach unten. Du stellst die Kerzen pyramidenförmig auf und legst daneben ein -*Venus-Quadrat, auf dessen Rückseite du vorher deinen vollen Namen und deine Wünsche geschrieben haben musst. Zünden Sie die Kerzen an und stellen Sie sich vor, dass Ihre Schulden bezahlt sind, und danken Sie Ihren Geistführern. Dieser Zauber ist effektiver, wenn du ihn an einem Freitag zur Stunde des Planeten Venus durchführst.*

**Venusplatz*

Ägyptisches Bad des Überflusses.

Fülle deine Badewanne mit Wasser. Gib Honig, braunen Zucker, fünf Sonnenblumenblätter, einen Magneten, einen Citrin und zwei weiße Quarze hinein. Tauchen Sie für 15 Minuten ein. Wenn du herauskommst, ohne dich abzutrocknen, gib den Quarz, den Magneten und die Blütenblätter in einen goldenen Beutel. Du wirst ihn sieben Tage lang als Amulett benutzen und ihn am achten Tag in einen Fluss werfen.

Hindu-Ritual zum Anziehen von Geld.

Die perfekten Tage für dieses Ritual sind Donnerstag oder Sonntag, zur Zeit der Planeten Venus, Jupiter oder Sonne.

Sie benötigen:

- Ätherisches Öl der Weinraute oder des Basilikums

- 1 Goldmünze

- 1 neue Handtasche oder Brieftasche

- 1 Weizenähre

- 5 Schwefelkies

Du musst die Goldmünze weihen, indem du sie mit Basilikum- oder Rautenöl salbst und sie Jupiter weißt. Während Sie sie salben, wiederholen Sie im Geiste: "Ich möchte, dass du diese Münze mit deiner Energie durchtränkst, damit wirtschaftlicher Reichtum in mein Leben kommt". Dann bestreichen Sie die Weizenähre mit Öl und bringen sie Jupiter mit der Bitte dar, dass es in Ihrem Haus nicht an Nahrung mangeln möge.

Du nimmst die Münze zusammen mit den fünf Pyriten und legst sie in die neue Brieftasche, du musst sie vorne links in deinem Haus vergraben. Den Spieß werden Sie in der Küche Ihres Hauses aufbewahren.

Zauberspruch, um Geld für Geschäfte zu bekommen.

An einem Dienstag zur Stunde des Planeten Venus werden Sie drei kleine Magnete in einen Tontopf mit Vollmondwasser und Honig legen. Setze sie 24 Stunden lang aus, damit sie mit der Energie des Tages und der Nacht aufgeladen werden.

Dann trocknet man sie mit einem gelben Tuch und bewahrt sie in einem grünen Beutel auf.

Wenn Sie Geld brauchen oder ein Projekt in Angriff nehmen wollen, öffnen Sie den Beutel und bestreuen Sie die Magnete mit drei Esslöffeln gemahlenem schwarzen Pfeffer. Dann wiederholen Sie im Geiste:

"Möge die Magie dieser Magnete Wohlstand und Fülle an meine Tür ziehen. Nord, Süd, Ost und West, die Kräfte der vier Winde und Elemente, mögen Geld im Überfluss in mein Leben bringen".

Diese Tasche sollten Sie immer bei sich tragen, vor allem wenn Sie eine Geld- oder Geschäftstransaktion durchführen.

Zauberspruch zur Beschleunigung der Geldbeschaffung

Sie benötigen:

- 1 Hühnerei

- 1 neue Gabel

- 1 gelbe oder silberne Kerze in Pyramidenform

- 4 Blütenblätter von weißen Blumen

- 1 rote Kerze

- 1 kleine Kasserolle aus Steingut

Zerkleinern Sie die weißen Blütenblätter so weit wie möglich und vermischen Sie sie dann in einer Tonschüssel mit dem Eigelb.

Stellen Sie die brennende gelbe oder silberne Kerze auf die linke Seite dieser Mischung und die rote Kerze *auf die rechte Seite. Wiederholen Sie laut: "Mein Schutzengel, ich rufe dich an, mir das Geld zurückzugeben, das ich mir geliehen habe und jetzt brauche.*

Gib etwas von der Mischung auf deine Hände und reibe sie aneinander, lass es trocknen, spüle sie nicht ab. Wenn Sie ein Dokument oder eine Rechnung haben, die Sie sammeln möchten, berühren Sie es, Sie können auch Geld berühren.

Die Reste können in den Müll geworfen werden, wenn die Kerzen ausgebrannt sind.

Zauberspruch zur Vermeidung des Bankrotts.

Um die Wirksamkeit zu erhöhen, sollten Sie diesen Zauber an einem Freitag oder Sonntag zur Zeit der Sonne durchführen, aber immer am Morgen.

Du musst ein Loch im Hof deines Hauses oder in einem Blumentopf öffnen. Darin werfen Sie Brotkrümel. Während Sie diese Handlung ausführen, schauen Sie zur Sonne und wiederholen Sie in Gedanken: "Möge die Energie der Sonne mich mit Wohlstand segnen und mögen die Schwingungen der Erde mir all ihre Großzügigkeit bringen". Sieben Wochen lang werden Sie die Erde mit einem halben

Glas Vollmondwasser und Zimt gießen, in das Sie zuvor einige Goldmünzen getaucht haben.

Die besten Länder und Städte zum Leben

Länder: Österreich, Indochina, Kambodscha, Vietnam, Laos, Myanmar und Thailand, China, Tibet, Libanon, Argentinien, Dominikanische Republik, Portugal und Spanien.

Die Städte: Sibirien, Savoyen, Antwerpen, Frankfurt, Freiburg, Gaeta, Plasencia, Wien, Lissabon, Johannesburg, Kopenhagen, Leeds, Nottingham, Rom, Genua, Galicien und Charleston.

Räucherstäbchen und ätherische Öle für Geld

Weihrauch und ätherische Öle von Rosen. Rosen sind mit Harmonie verbunden, und Vertrauen Aspekte, die auch durch die Wirtschaft übertragen werden.

Pflanzen für Geld

Perlmutt: *ist eine aus den Tropen stammende Pflanze, die aufgrund der Form ihrer Blätter zur Dekoration von Innenräumen verwendet wird, aber auch als Anziehungspunkt für finanziellen Reichtum dient.*

Quarz für Geld

Weißer Quarz: *Dieser Quarz vertreibt schlechte Schwingungen und negative Energien. Es ist ein Quarz, der Glück bringt, weil er kraftvoll ist. Er kann Geld und Erfolg anziehen.*

Geld-Anhänger

Die Pentakel des Jupiters, die Ihnen Wohlstand garantieren.

Pentakel sind magische Figuren, die in der Lage sind, positive Energien an ihre Umgebung weiterzugeben. Die Wirkung der Jupiter-Pentakel ergibt sich aus der Kombination von Buchstaben, Zeichen und nützlichen Formeln, sie symbolisieren grafisch und mystisch einen Wunsch.

Sie wirken eindeutig auf die Psyche der Menschen, die mit ihm in Sichtkontakt stehen.

Die umfangreichste Zusammenstellung von Pentakel findet sich in The Clavicula of King Solomon, einem Band der hohen Magie, der diesem biblischen König zugeschrieben wird.

Darin befinden sich 36 Pentakel, die verschiedenen Aufgaben haben, darunter auch die sieben Pentakel des Jupiters.

Pentakel zum Gedeihen.

Der Zweck dieser Pentakel ist es, für Fülle zu sorgen, Konflikte im Zusammenhang mit der Arbeit zu lösen und Ihnen zu helfen, alle Arten von Vorteilen, die größeren Wohlstand garantieren, direkter wahrzunehmen.

Jupiter, der so genannte große Wohltäter in der Astrologie, ist ein Planet, der mit Expansion, Optimismus, Verbindungen zu mächtigen Menschen und der Fähigkeit, Glück zu machen, verbunden ist. Du solltest sie mit großer Konzentration und mit der Absicht zeichnen, dass sie deinen Willen manifestieren. Das geeignetste Material ist ein Stück Pergament. Sobald sie fertig sind, sollten sie an einem gut sichtbaren Ort aufgehängt werden, z. B. an der

Kasse oder in der Brieftasche (man kann sie auch ausdrucken).

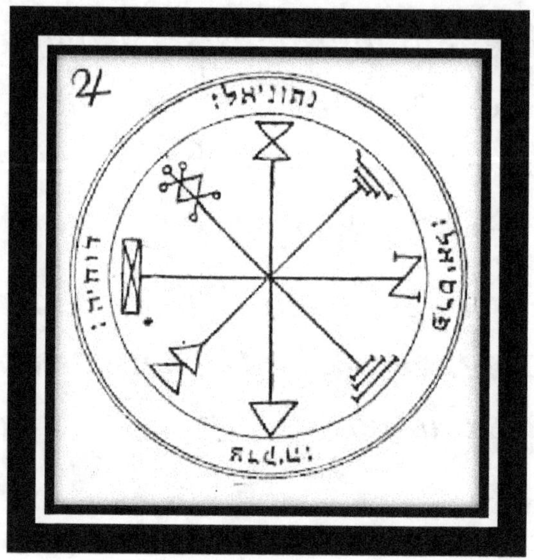

Affirmationen, um Geld zu erhalten

Sie sollten diese Dekrete 21 Tage lang durchführen, damit Sie die Ergebnisse sehen können, wenn möglich dreimal täglich. Wenn du sie laut wiederholst, werden sie noch kraftvoller sein.

Ich bin vollkommene Fülle und göttlicher Reichtum.

Ich bin wohlhabend in meinem Geschäft und in meinen Finanzen.

Ich bin die göttliche Weisheit, die auf intelligente Weise alle Existenz gestaltet. Ich gehe sicher durch die Fülle. Ich sehe mich selbst im Wohlstand.

Ferien

Urlaub ist sowohl körperlich als auch geistig gesund. Es ist erwiesen, dass ein Urlaub das Stressniveau senkt und das Immunsystem stärkt. Manchmal verursacht die Urlaubsplanung Stress, weil es unendlich viele Möglichkeiten gibt und die Entscheidung zu einer Schimäre haften Aufgabe wird.

Mit Hilfe der Astrologie lässt sich aus dem Verständnis Ihrer Persönlichkeit der ideale Urlaubsort für Sie ableiten.

__Widder,__ ein All-inclusive-Resort mit sportlichen Aktivitäten im Freien an einem warmen Ort wie Punta Cana, Cancún oder den Turks- und Caicosinseln wäre ideal. Australien ist ein aufregendes Land, das eine Fülle von Emotionen bietet, die Ihr Herz höherschlagen lassen.

__Stier__, ein Aufenthalt in einem luxuriösen Resort auf den Cayman-Inseln oder ein luxuriöser Urlaub in Dubai, in einem Hotel, das alle Annehmlichkeiten bietet, wird sehr verlockend sein. Italien ist ein perfektes Land, denn dort finden Sie alles, wovon Sie schon immer geträumt haben: Liebe, Charme, Luxus, wunderbares Essen und erstklassige Weine.

Zwillinge lieben es, sich intellektuell zu beschäftigen. Reisen mit geführten Ausflügen wie eine Safari in Afrika oder die Erforschung der Tierwelt auf den Galapagos-Inseln bieten dem Tierkreis-Kommunikator ein luxuriöses Erlebnis.

Krebs, *Kurztrips, umgeben von Familie und Freunden. Disney World, die Attraktionen und das vielfältige Angebot an Speisen sind eine Möglichkeit. In Orlando, Florida, gibt es mehrere fantastische Hotels und Resorts, jedes mit einem einzigartigen und faszinierenden Thema.*

Ein Aufenthalt in einem Bungalow über dem Meer in Tahiti ist für dieses Sternzeichen fantastisch. Eine andere luxuriöse Alternative, die der Löwe liebt, wäre eine private tropische Insel auf den Malediven, den Fidschi-Inseln oder den Jungferninseln zu mieten.

Jungfrau, *Italien ist Ihre beste Wahl. Dieses Land wird Sie gut beschäftigen. Als Erdzeichen sind Sie mit der Welt um Sie herum verbunden. Orte wie La Romana in der Dominikanischen Republik, Puerto Viejo in Costa Rica und Belo Horizonte in Brasilien werden Ihnen Leben einhauchen.*

Waage, *ziehe Städte mit Museen vor. Ein Urlaub in den Tropen ist für die Waage nicht so befriedigend wie eine Besichtigung des Louvre in Paris, des Akropolis-Museums in Athen, Griechenland, des Prado-Museums in Madrid, Spanien oder der Uffizien in Florenz, Italien.*

Skorpion, *verbringen Sie ein paar Tage an einem abgelegenen Strand mit Alkohol und Massagen. In Griechenland, Bali, St. Martin oder Hawaii finden Sie all diese Annehmlichkeiten. Der Besuch von Kulturstätten in der Nähe Ihres Luxushotels wäre eine außergewöhnliche Kombination aus Tropen- und Kultururlaub. Mykonos und Roda in Griechenland sind perfekte Reiseziele.*

Schütze, erkunde *den Jakobsweg, ein Netz sehr unterschiedlicher Wege, die alle zur Stadt Santiago de Compostela führen. Jeder Weg hat seine Geschichte, sein Erbe und seine Magie. Der Schütze ist ein Reisender, der sich nach neuen Erfahrungen sehnt. In Irland werden Sie alles finden, was Sie suchen.*

Steinbock, *ein zielorientiertes Zeichen. Ferien, in denen Sie neue Geschäftsbeziehungen knüpfen können. China wäre spektakulär. Steinbock hat einen Sinn für* historische Werte, den andere Zeichen nicht haben. In Ländern wie Israel und Ägypten, in denen die Geschichte präsent ist, werden Sie sich zu Hause fühlen.

Der Wassermann liebt neue Ideen, unbekannte Orte und neue Beziehungen. Ein fantastisches Land, das man besuchen könnte, wäre Japan, nicht nur wegen seiner faszinierenden Geschichte und Kultur, sondern weil jede seiner Regionen etwas anderes zu bieten hat.

Fische, ein Wasserzeichen, das sich über tropische Urlaube freut. Ein Hotel direkt am Strand wäre ideal. Die Insel "La Dique" in der Republik der Seychellen, vielleicht der schönste Strand der Welt, wird ein sicherer Erfolg sein. Fische haben eine ruhige Lebenseinstellung und werden von Neptun regiert, was Sie zu einem kreativen Denker macht. Schweden ist ein Land, das er besuchen sollte, weil er dort eine Kultur vorfindet, die so innovativ ist wie er selbst.

Wer ist dein Seelenverwandter nach deinem Sternzeichen?

Wenn wir den Begriff "Seelenverwandte" hören, denken wir in der Regel an die Mitglieder eines Paares, d. h. an jemanden, mit dem man eine starke gefühlsmäßige und sexuelle Verbindung hat. Echte Seelenverwandte haben jedoch nicht immer eine solche Beziehung zueinander und sind oft nicht einmal an dem sexuellen Aspekt einer Beziehung interessiert.

Ihr Seelenverwandter kann nicht nur Ihr Partner sein, sondern auch Ihre Eltern, Freunde, Kinder, Großeltern, Ihr Chef oder Ihre Schwester.

Aus astrologischer Sicht und in Anbetracht der Tatsache, dass die Lektionen, die wir lernen müssen, bevor wir die nächste spirituelle Ebene erreichen, diejenigen sind, die die Art der affektiven Beziehungen bestimmen, die wir heute im Leben entwickeln müssen, können wir sagen, dass Krebs und Fische Seelenverwandte des Widders sind.

Mit Krebs und Fische kann der Widder sich nicht nur besser konzentrieren und Konflikte gewaltfrei lösen, sondern auch Empathie entwickeln, d. h. die Fähigkeit, sich in den anderen hineinzuversetzen und zu lernen, zu teilen.

Diese beiden Zeichen mögen keine Konflikte, und wenn sie doch entstehen, ziehen sie den Dialog jeder Episode von Brutalität vor.

Der Widder kann dem Krebs und den Fischen beibringen, nicht auf die Zustimmung anderer angewiesen zu sein, risikofreudiger zu sein und nicht zu versuchen, es allen recht zu machen, d.h. durchsetzungsfähiger zu sein.

Der sinnliche Stier, Feind des Wandels und Verwandter der Trägheit, hat als Seelenverwandte Schütze und Zwillinge, zwei Zeichen, die wissen, dass das Leben eine faszinierende Reise ist, aber keine statische Reise.

Sie können dem Stier beibringen, dass er nicht aus Angst vor Ungewissheit dortbleiben muss, wo er nicht mehr sein muss, und dass es immer bestimmte Situationen oder Umstände geben wird, die eintreten werden, ohne dass wir sie erwarten und ohne, dass wir die Macht haben, sie zu ändern. Der Stier hat diesen Zeichen auch viel zu lehren.

Lektionen über Willenskraft, Verpflichtungen gegenüber anderen, Engagement für das, was sie tun, und Durchhaltevermögen, ohne Eile oder Langsamkeit. Prinzipien zu haben und klug zu sein.

Der Löwe kann mit seinen Seelenverwandten, die der Waage und dem Wassermann angehören, eine Menge Karma ausgleichen.

Ein Löwe kann aus Eitelkeit auf einer falschen Idee oder Überzeugung beharren; Waage und Wassermann wissen, dass hinter einer egozentrischen Person ein geringes Selbstwertgefühl steht.

Die Waage lehrt den Löwen Gleichmut und Toleranz, Argumentation und Diplomatie, um eine reibungslose Kommunikation zu gewährleisten. Wassermann, das gegenüberliegende Zeichen von Löwen, ausgestattet mit einem objektiven und fairen Urteil, da sie nie von Vorurteilen beeinflusst werden, wird Löwe lehren, die Herzen der Menschen zu sehen, ihre Schulter anzubieten und mitfühlende Worte in Zeiten der Not zu geben.

Der Löwe zögert nie, wenn er Entscheidungen trifft, und wenn doch, dann manifestiert er sie nicht, etwas, das die Waage praktizieren sollte.

Treue ist ein Markenzeichen des Löwen, etwas, das der Wassermann nicht kennt, und die kleinen Löwen können ihm moralische Lektionen erteilen.

Die Jungfrau, die wegen ihrer immensen Angst vor dem Scheitern als Perfektionist bekannt ist, hat Skorpion und Steinbock als Seelenverwandte. Jungfrauen sind gerne streng in ihren Entscheidungen und haben einen Prototyp in fast jedem Aspekt ihres Lebens. Diese Selektivität hält sie davon ab, der Bewegung des Lebens zu folgen.

Die Jungfrau wird ein ganzes Projekt buchstäblich in der Luft zerreißen, wenn sie das Gefühl hat, dass es nicht von Anfang an perfekt war, was ein Steinbock niemals tun würde, da ihr Weitblick sie erkennen lässt, dass es immer Alternativen gibt, ohne von vorne anfangen zu müssen.

Der Steinbock ist ein Zeichen, das sich seines eigenen Raumes sicher ist, er trifft keine sinnlosen Entscheidungen, wie es die Jungfrau manchmal tut.

Andererseits kann der Skorpion das Schlimmste abmildern und das Beste der Jungfrau verstärken. Skorpion und Jungfrau haben eine praktische Herangehensweise an das Leben; allerdings ist der Skorpion viel mehr ein Lebenskünstler als die Jungfrau. Der Skorpion bringt die Entschlossenheit mit, die der Jungfrau fehlt, und die Jungfrau bringt dem leidenschaftlichen Skorpion Kontrolle und Rationalität.

Die Jungfrau wird den Steinbock an seiner Seite angenehmer und spielerischer machen und ihn von der übermäßigen Ernsthaftigkeit, die er oft an den Tag legt, isolieren.

Der Wahnsinn

Der Wahnsinn hat sich im Laufe der Geschichte als eine obskure, rätselhafte und widersprüchliche Wahrheit erwiesen. Er hat uns Angst gemacht, wir haben ihn ignoriert und sogar akzeptiert, und infolgedessen wurden die Menschen, die angeblich unter ihm gelitten haben, abgelehnt, eliminiert und geehrt.

Jedes Verhalten, das nicht mit unseren Überlegungen übereinstimmt, ist nicht unbedingt ein Akt des Wahnsinns, sondern eine andere Vorgehensweise.

Es ist ein Fehler, wenn wir, wenn wir uns von den Handlungen oder Dummheiten anderer betroffen oder verärgert fühlen, diese verbannen, denn das macht uns nicht vernünftiger, ausgeglichener oder vollkommener, sondern macht uns genauso verrückt.

Die Definition des Wahnsinns ist ebenso komplex wie die des Verstandes, aber alle Tierkreiszeichen haben ihren Grad an Wahnsinn.

Krebs*: Sie sind temperamentvoll. Dies führt dazu, dass sie von außen betrachtet eine unverständliche Persönlichkeit haben. Die Popularität der Verrückten beruht auf ihrem widersprüchlichen Charakter, der die Menschen um sie herum manchmal verstört.*

Skorpion*: Sie brauchen Veränderung, um glücklich zu sein, sie können verrückte Dinge tun, nur um etwas Action zu erzeugen. Für sie ist es normal, einen Ausbruch zu haben, denn sie sind süchtig nach Veränderung und Aufregung.*

Fische*: Es ist für sie unmöglich, dich nicht mit ihrem Wahnsinn anzustecken. Ihre Instabilität und ihr Ungleichgewicht stören die Menschen um sie herum. Sie sehen alles rosig, was dazu führt, dass sie als verrückt bezeichnet werden, weil sie immer auf einer Wolke schweben.*

Zwillinge: *Er ist berühmt für seine Dualität. Sie sind manchmal in Konflikt mit sich selbst. Sie lieben Herausforderungen, die Gefahren mit sich bringen. Sie lieben es, improvisierte Abenteuer zu planen und sind immer bereit, die Grenzen des maximalen Wahnsinns zu überschreiten.*

Löwe: *Wenn sich das Feuer in ihrem Kopf festsetzt, denken sie, dass alles, was ihr Leben umgibt, dringender ist als alles andere. Sie sind extravagant und haben Einstellungen, die für andere als verrückt gelten. Sie können Dinge tun, die ein vernünftiger Mensch niemals tun würde.*

Widder: *Sie verärgern sich selbst und alle um sie herum. Sie sind stur und wollen in allem der Erste sein, auch wenn sie dafür verrückte Dinge tun müssen. Sie wissen nicht, wie man es zurückzunehmen, etwas, das sie zu irrationalen Handlungen führt.*

Wassermann: *Ein rebellisches und freies Zeichen, das sich nicht im Geringsten um die Meinung kümmert, die man über sie hat. Sie handeln auf eine kapriziöse Art und Weise, mit verrückten Einstellungen, die die Paradigmen brechen.*

Schütze: *Er ist lustig, aber gewalttätig mit seinem Wunsch nach Aktion. Sie wissen nicht, wie man die Folgen ihres Handelns zu messen, etwas, das viele als Wahnsinn. Es ist nicht verwunderlich, sie völlig ungezügelt zu sehen, die Überquerung des Terrains der Verantwortungslosigkeit.*

Waage: *Sie sehnen sich nach Glück und Harmonie, und um das zu erreichen, sind sie bereit, alles Verrückte zu tun. Sie sind instabil, und das führt sie zu brechen ihre Verpflichtungen, etwas, das viele als verrückt.*

Jungfrau: *Sie gehen bis zum Äußersten und werden obsessiv. Sie haben eine Vision von dem, was sie wollen, in Stein gemeißelt, niemand kann ihnen Ratschläge geben, sie lassen sich nicht leiten. Wenn sie nicht zuhören, begehen sie verschiedene Dummheiten.*

Stier*: Wenn ihnen eine Idee in den Sinn kommt, gibt es niemanden, der sie vertreibt, und sie begehen sogar verrückte Dinge, um ihre Hypothese zu untermauern. Versuchen Sie, ihre Geduld auf die Probe zu stellen, und Sie werden feststellen, wie weit ihr Wahnsinn geht.*

Steinbock: Er *vergisst absolut nichts, nicht verzeihen und noch viel weniger, vergisst, wenn Sie etwas falsch machen, keine Sorge, weil er Sie ein Leben lang daran erinnern, um Sie völlig verrückt zu machen. Steinbock ist wahnsinnig obsessiv über die Kontrolle.*

Die Psychologie des Lottospiels.

Lotteriespiele sind in der ganzen Welt sehr beliebt.

Wir alle haben den unmöglichen Traum, im Lotto zu gewinnen, denn die Illusion, durch einen Glücksfall Millionär zu werden, auch wenn die Chancen minimal sind, ist der Hauptgrund, warum Menschen spielen.

Die Spieler nehmen wahr, dass die Kosten für den Lottoschein im Verhältnis zu den Gewinnen, die sie im Falle eines Gewinns erzielen würden, verschwindend gering sind. Wir nehmen Risiken immer emotional wahr, und wenn sie uns Freude bereiten, neigen wir dazu, das Risiko als unbedeutend zu betrachten und das Gefühl der Gefahr zu neutralisieren, indem wir uns nur auf die Vorteile konzentrieren.

Die Spieler sehen in der Lotterie eine einmalige Gelegenheit, mit geringem Geldeinsatz und geringem Risiko einen Gewinn zu erzielen.

Spiele haben sowohl traditionelle als auch abergläubische Aspekte. Manche Menschen spielen immer dieselben Zahlen, weil sie ihre Lieblingszahlen sind, weil sie sie mit einem wichtigen Datum in Verbindung bringen oder weil sie sie geträumt haben.

Andere spielen zu einer bestimmten Zeit, an einem bestimmten Tag oder an einem bestimmten Ort. Wenn wir denken, dass wir die Kontrolle haben, fühlen wir uns zuversichtlich, denn wenn wir die Zahlen selbst auswählen, anstatt nach dem Zufallsprinzip zu spielen, obwohl die Chancen, richtig zu liegen, die gleichen sind, haben wir den Eindruck, dass wir das Schicksal kontrollieren und dass die Chancen zu unseren Gunsten stehen.

Es gibt Leute, die nur zum Spaß spielen, in diesen Fällen geht die Lotterie über die wirtschaftlichen Kosten hinaus und wird zu einem Spaß, der belebt wird, wenn sie sich ausmalen, was sie mit dem Geld, das sie erwerben würden, alles machen könnten.

Es gibt fünf psychologische Beschreibungen der einzelnen Lottospieler:

Der Abenteurer, der von Spielen um große Geldsummen, von Spekulationen mit Zufallszahlen und mit geplanten Zahlen verzaubert ist.

Der Konkurrent, der darauf besteht, durch Glücksspiele zu zeigen, dass er auf Sieg wettet.

Der Gierige, der dem Glücksspiel keine Grenzen setzt und sich nicht scheut, beim Wetten Risiken einzugehen.

Der Taktiker, der niemals riskant spielt, sucht nach Taktiken, Strategien und numerischen Sets, wenn er die Zahlen spielt.

Der abergläubische Mensch, der immer die gleichen Zahlenkombinationen spielt, verwendet Talismane, Rituale oder kauft seine Lose an einem bestimmten Datum und Ort.

Gibt es einen Trick oder eine Formel, um im Lotto zu gewinnen?

Diese Frage ist noch immer unbeantwortet. Viele spekulieren und behaupten, dass es wahrscheinlicher ist, vom Blitz getroffen zu werden, bevor man im Lotto gewinnt. Andere wiederum studieren die Chancen mit großer Ausdauer und Raffinesse.

Das Lottospiel oder jedes andere Glücksspiel, wenn es mit Bedacht betrieben wird, ist ein billiger Weg, um Illusionen und Vertrauen in die Zukunft zu kaufen. Kompliziert wird es, wenn die Person ihren Spieltrieb nicht kontrollieren kann, so dass eine Spielsucht entsteht und sie in die Spielsucht verfällt.

 Ein Spielsüchtiger ist ein Mensch, dem das Glücksspiel große Schwierigkeiten bei der Arbeit und in seinen familiären Beziehungen bereitet, da Verluste ihn dazu verleiten, größere Geldbeträge zu verspielen, um das verlorene Geld zurückzugewinnen. Dies wird zu einem Teufelskreis, der nur durch eine psychotherapeutische Behandlung gelöst werden kann.

Die besten Geschenke für die Zeichen

Geschenke zu machen ist ein universelles Mittel, um zu zeigen, dass wir uns um eine Person kümmern und sie schätzen, aber der Kauf von Geschenken kann eine Herausforderung sein, für manche sogar ein echtes Problem.

Die Planeten können Ihnen helfen, sobald Sie das Sternzeichen der Person kennen, können Sie vielleicht das ideale Geschenk machen.

*Feuerzeichen: **Widder, Löwe und Schütze** mögen Geschenke, die ihnen das Gefühl geben, wichtig zu sein, und die mit Sport, Reisen und Technik zu tun haben.*

Eine professionelle Digitalkamera, das neueste iPhone-Modell, ein Flugticket mit Hotel zu einem exotischen Touristenort oder mit historischem Hintergrund, Geschäftsbücher, Sportbekleidung oder Fitnessgeräte, Lotterielose, Flaschen mit edlem Wein und exklusive Markenschuhe werden diesen Zeichen sehr gefallen.

***Stier, Jungfrau und Steinbock**, die dem Erdelement angehören, sind manchmal traditionell, aber das bedeutet nicht, dass sie keine Geschenke von anerkannten Marken mögen.*

Ein Gemälde eines berühmten Malers, ein Gürtel oder eine Aktentasche für ihre Arbeitspapiere, eine Brieftasche mit ihren Initialen, Markenparfüms, Massagen oder Körperbehandlungen, ein Haustier, Bademäntel, kuschelige Pyjamas oder sogar Aromatherapie-Diffusoren werden sie glücklich machen.

Luftzeichen: **Zwillinge, Waage und Wassermann** *sind nicht materialistisch, und die Funktionalität eines Geschenks ist viel wichtiger als der Preis. Ihre Fantasie ist reichlich vorhanden, und alles, was diese Fähigkeit anregt, spricht sie an.*

Ein Handy, ein Computer oder IPad, Bücher über persönliches Wachstum, Spiritualität, Philosophie und alternative Therapien, Selbsthilfe- und Wirtschaftskurse, ein Teleskop, Karten für die Oper oder das Theater, ein Tier, das nicht eingesperrt werden muss, Quarz, ätherische Öle, Weihrauch und After-Bath-Colognas werden von diesen Zeichen sehr geschätzt.

Krebs, Skorpion und Fische, *die Wasserzeichen, lieben persönliche Geschenke. Kochutensilien, ein romantisches Abendessen am Strand unter dem Mondschein, eine entspannende Massage in einem Spaß, gewagte Dessous, Hausschuhe oder ein* bequemes Sofa zum Fernsehen, eine Flasche Champagner, Duftkerzen, Amulette, Astrologie Bücher, ein Satz von Tarot-Karten, Lotionen, Parfums und Beauty-Accessoires, Wein, Kekse, Konserven und alle Arten von Gourmet-Produkten sind auf der Liste der Geschenke, die diese Zeichen mit großer Freude annehmen werden.

Schenken ist ein Segen, es ist eine Geste der Großzügigkeit; Schenken ist ein symbolischer Akt, der ein Kompliment darstellt, eine Aufmerksamkeit für jemanden, den wir erfreuen wollen, und der die Zuneigung symbolisiert, die wir bekunden.

Wenn wir Geschenke machen, werden Beziehungen verbessert und gestärkt, und es entsteht Freude.

Die Tierkreiszeichen und ihre Ängste.

Die zwölf Tierkreiszeichen symbolisieren zwölf wesentliche Archetypen der menschlichen Persönlichkeit, sind aber gleichzeitig auch psychologische Prototypen, weshalb jedes der Tierkreiszeichen eine ganz spezifische und persönliche Angst hat.

Wir sollten uns daran erinnern, dass Angst ein wesentlicher menschlicher Alarm- und Abwehrmechanismus ist. Sie wird nur dann zum Problem, wenn sie übermäßig ist.

Ängste sind Unsicherheiten und manchmal projizieren wir sie mit den entgegengesetzten Handlungen, wie es der Fall des Widder-Zeichens ist; anerkannt für ihren eisernen Willen, nichts und niemand lähmt sie. Sie lieben es, alles zu kontrollieren, und ihre tief verwurzelte Angst ist es, zu scheitern oder um Hilfe zu bitten, weil dies für sie ein Synonym für Schwäche ist.

__Der Stier__ ist das sturste der Erdzeichen. Veränderungen machen ihnen Angst, und wenn ihnen das Geld ausgeht, verbringen sie ihr Leben mit Sparen, weil Armut sie ängstigt.

__Zwillinge,__ die Kommunikatoren des Tierkreises, sind ein wenig ängstlich und unsicher, sie versuchen, Aufmerksamkeit zu erregen, weil sie fürchten, langweilig auszusehen. Legitime Kinder des Mondes,

Cancers *lieben ihre Sicherheitszone, weil niemand sie dort verletzen kann, sie haben Angst vor Einsamkeit und Ablehnung.*

Der Löwe*, der König des Tierkreises, der Anführer und der Mutige, wurde nicht geboren, um zu verlieren. Ihre größte Angst ist es, unbemerkt zu bleiben; sie ziehen es vor, schlecht gemacht zu werden, aber nicht ignoriert zu werden.*

*Die Meisterin der Ordnung **Jungfrau** wird manchmal zwanghaft, wenn es um ihre Gesundheit geht, und ist daher eine Hypochonderin. Ihre größte Angst ist es, krank zu werden, aber Unordnung macht ihnen mehr Angst als alles andere.*

 *Außerordentlich intelligente **Waagen** sind unentschlossen, und genau darin liegt ihre größte Angst: Entscheidungen zu treffen. Eine weitere ihrer Ängste ist die Einsamkeit.*

*Die rätselhaften und verführerischen **Skorpione** haben ein Elefantengedächtnis, sie fürchten sich vor Verrat, und wenn du etwas tust, was ihnen nicht gefällt, werden sie es dir für immer vorenthalten. Behalte niemals ein Geheimnis vor einem Skorpion.*

*Als Abenteurer des Tierkreises hat der **Schütze** Angst, sich zu binden, denn die Anforderungen sind erschreckend. Sie sind sehr lustig, aber hinter diesem Lächeln verbirgt sich die Angst, betrogen zu werden.*

Steinbocks *sind anspruchsvoll und weichen nie von ihren Zielen ab; ihre größte Angst ist es, Fehler zu machen, vor allem auf beruflicher Ebene. Sie sind aufopferungsvoll und haben Angst, ihre Träume nicht zu verwirklichen.*

Die rebellischen und utopischen **Wassermänner** *fürchten, ihre Freiheit zu verlieren, denn das würde bedeuten, ihr eigenes Wesen zu verlieren. Sie haben immer viele Freundschaften, aber keine von ihnen bindet sie. Sie brauchen die Gruppe, wollen aber nicht, dass die Gruppe sie braucht.*

Frieden ist ein Synonym für **Fische***, sie hassen Konfrontationen. Durch und durch mitfühlend, haben sie Angst, andere leiden zu sehen. Sie sind ein wenig unsicher, haben Lampenfieber und Angst vor Ablehnung.*

In einigen alten Astrologie Büchern wird Saturn für die Angst in einem Geburtshoroskop verantwortlich gemacht. Ich denke, dass für die Entstehung von Angst die Allianz mehrerer Planeten mit ihren entsprechenden Energien erforderlich ist.

Das heißt, Ängste werden von mehreren Planeten repräsentiert, die durch Aspekte miteinander verbunden sind, es gibt keinen bestimmten Planeten, der notwendigerweise mit der Entwicklung irgendeiner Art von Angst verbunden ist.

Mond in Waage

Der Mond in der Waage fühlt sich mit intensiven Emotionen nicht wohl, weil sie dazu neigen, das Gleichgewicht und die Harmonie zu stören.

Wenn Ihr Mond in der Waage steht, müssen Sie ausgewogene Beziehungen zu anderen aufbauen, aber Sie haben immer noch das Bedürfnis, Ihre Gefühle und Grenzen auszudrücken und dabei die Harmonie zu wahren.

Sie fühlen sich wahrscheinlich sicher, wenn die Dinge ausgeglichen und harmonisch sind. Das Äußere ist Ihnen wichtig.

Sie finden jeden Konflikt bedrohlich. Sie verstehen immer beide Seiten einer Situation, aber wenn Sie Partei ergreifen müssen, finden Sie das beängstigend.

Sie ziehen es vor, Entscheidungen mit kühlem Kopf zu treffen. Dies ist einer der Gründe, warum Sie sich mit Emotionen unwohl fühlen. Emotionen führen zu radikalen Entscheidungen, die die Harmonie und das Gleichgewicht, das Sie so sehr lieben, stören.

Ihre unmittelbare Reaktion, wenn Sie sich bedroht fühlen, besteht darin, das Problem zu lösen und die Harmonie wiederherzustellen. Sie können Diplomatie und Taktgefühl einsetzen, beides steht Ihnen zur

Verfügung, oder Sie können einfach Ihre eigenen Bedürfnisse verleugnen.

Sie müssen lernen, für Ihre Rechte einzustehen. Kompromisse zu schließen ist eine Sache, aber seine Rechte aufzugeben ist etwas anderes.

Wenn Ihr Mond in der Waage steht, konzentriert sich Ihr Bedürfnis nach Sicherheit auf Harmonie und Gerechtigkeit. Du bist dir automatisch der Grenzen bewusst, und wenn du dir deiner Verantwortung bewusst bist, wirst du dich sicher fühlen.

Eine emotionale Bindung ist wichtig, denn sie hilft Ihnen zu erkennen, woran Sie in einer Beziehung beteiligt sind. Was Sie herausfinden müssen, ist, wie viel Emotion genug ist, weil zu viel macht Sie bedroht fühlen.

Sie mögen es nicht, wenn Sie mit Ihrem Partner Konflikte haben. Wenn Sie merken, dass Ihre Emotionen die Oberhand gewinnen, sollten Sie sich am besten beruhigen. Wenn Sie Ihre Gefühle im Zaum halten können, können Sie das Problem mit Takt und Diplomatie leicht lösen.

Wenn Sie jedoch zum Kampf gezwungen werden, fühlen Sie sich bedroht, bis Sie schließlich aufgeben, dem Konflikt zu entkommen und ein Gleichgewicht herstellen.

Die Bedeutung des Aszendenten Zeichens

Das Sonnenzeichen hat einen großen Einfluss darauf, wer wir sind, aber der Aszendent ist das, was uns wirklich ausmacht, und das könnte sogar der Grund sein, warum Sie sich mit einigen Eigenschaften Ihres Sternzeichens nicht identifizieren.

Wenn du dein Horoskop liest, fühlst du dich manchmal identifiziert und es gibt einigen Vorhersagen einen Sinn, und das passiert, weil es dir hilft zu verstehen, wie du dich fühlen könntest und was mit dir passieren wird, aber es zeigt dir nur einen Prozentsatz dessen, was wirklich sein könnte.

Der Aszendent hingegen unterscheidet sich vom Sonnenzeichen, weil er widerspiegelt, wer wir oberflächlich gesehen sind, d.h. wie andere uns sehen oder welche Energie wir auf andere übertragen, und das ist so real, dass es sein kann, dass Sie jemanden treffen und, wenn Sie sein Zeichen vorhersagen, sein Aszendenten Zeichen und nicht sein Sonnenzeichen entdeckt haben.

Zusammenfassend lässt sich sagen, dass die Eigenschaften, die man bei einer Person sieht, wenn man sie zum ersten Mal trifft, der Aszendent ist, aber da unser Leben von der Art und Weise beeinflusst wird, wie wir mit anderen in Beziehung treten, hat der

Aszendent einen großen Einfluss auf unser tägliches Leben.

Es ist etwas kompliziert zu erklären, wie das aufsteigende Zeichen berechnet oder bestimmt wird, denn es wird nicht durch die Position eines Planeten bestimmt, sondern durch das Zeichen, das zum Zeitpunkt Ihrer Geburt am östlichen Horizont aufsteigt, im Gegensatz zu Ihrem Sonnenzeichen, das vom genauen Zeitpunkt Ihrer Geburt abhängt.

Dank der Technologie und des Universums ist es heute einfacher denn je, diese Informationen zu wissen, natürlich, wenn Sie Ihre Geburtszeit kennen, oder wenn Sie eine Vorstellung von der Zeit haben, aber es gibt nicht eine Marge von mehr als Stunden, denn es gibt viele Websites, die die Berechnung durch die Eingabe der Daten zu machen, astro.com ist einer von ihnen, aber es ist unendlich.

Auf diese Weise können Sie, wenn Sie Ihr Horoskop lesen, auch Ihren Aszendenten lesen und mehr persönliche Details erfahren. Sie werden sehen, dass sich von nun an Ihre Art, das Horoskop zu lesen, ändern wird, und Sie werden wissen, warum dieser Schütze so bescheiden und pessimistisch ist, wenn er in Wirklichkeit so übertrieben optimistisch ist, und das liegt vielleicht daran, dass er einen Steinbock-Aszendenten hat, oder weil dieser Skorpion-Kollege immer über alles redet, zweifellos hat er einen Zwillinge-Aszendenten.

Ich werde die Eigenschaften der verschiedenen Aszendenten zusammenfassen, aber auch das ist sehr allgemein, denn diese Eigenschaften werden durch Planeten in Konjunktion mit dem Aszendenten, durch Planeten, die den Aszendenten aspektieren, und durch die Position des herrschenden Planeten des Zeichens auf dem Aszendenten verändert.

Eine Person mit einem Widder-Aszendenten, dessen herrschender Planet Mars im Schützen steht, wird zum Beispiel etwas anders auf die Umwelt reagieren als eine andere Person, die ebenfalls einen Widder-Aszendenten hat, deren Mars aber im Skorpion steht.

In ähnlicher Weise wird sich eine Person mit einem Fische-Aszendenten, die Saturn in Konjunktion zu ihm hat, anders "verhalten" als jemand mit einem Fische-Aszendenten, der diesen Aspekt nicht hat.

All diese Faktoren verändern den Aszendenten, Astrologie ist sehr komplex, und Horoskope werden nicht mit Tarotkarten gelesen oder erstellt, denn Astrologie ist nicht nur eine Kunst, sondern auch eine Wissenschaft.

Es kommt häufig vor, dass diese beiden Verfahren verwechselt werden, denn obwohl es sich um zwei völlig unterschiedliche Konzepte handelt, haben sie einige Gemeinsamkeiten. Eine dieser Gemeinsamkeiten liegt in ihrem Ursprung begründet und besteht darin, dass beide Verfahren seit der Antike bekannt sind.

Sie ähneln sich auch in den verwendeten Symbolen, da beide mehrdeutige Symbole darstellen, die interpretiert werden müssen, was eine spezielle Lektüre und Ausbildung erforderten, um zu wissen, wie diese Symbole zu interpretieren sind.

Es gibt Tausende von Unterschieden, aber einer der wichtigsten ist, dass, während im Tarot die Symbole sind vollkommen verständlich auf den ersten Blick, wobei figurative Karten, obwohl es notwendig ist, zu wissen, wie man sie gut zu interpretieren, in der Astrologie beobachten wir ein abstraktes System, das notwendig ist, um zu wissen, vorher zu interpretieren, und natürlich muss gesagt werden, dass, obwohl wir erkennen können, die Tarot-Karten, jeder kann nicht interpretieren sie richtig.

Die Deutung ist auch ein Unterschied zwischen den beiden Disziplinen, denn während des Tarots keinen genauen Zeitbezug hat, da die Karten nur dank der im entsprechenden Legesystem gestellten Fragen zeitlich eingeordnet werden, bezieht sich die Astrologie auf eine bestimmte Stellung der Planeten in der Geschichte, und die von beiden verwendeten Deutungssysteme sind diametral entgegengesetzt.

Das Horoskop ist die Grundlage der Astrologie und der wichtigste Aspekt bei der Erstellung von

Vorhersagen. Das Horoskop muss perfekt ausgearbeitet sein, damit die Lesung erfolgreich ist und man mehr über die Person erfährt.

Um ein Geburtshoroskop zu erstellen, muss man alle Daten über die Geburt der betreffenden Person kennen.

Sie muss genau bekannt sein, von der genauen Zeit, zu der sie geliefert wurde, bis hin zu dem Ort, an dem sie durchgeführt wurde.

Die Stellung der Planeten zum Zeitpunkt der Geburt verrät dem Astrologen die Punkte, die er für die Erstellung des Geburtshoroskops benötigt.

In der Astrologie geht es nicht nur darum, die Zukunft zu kennen, sondern auch darum, die wichtigen Punkte Ihrer Existenz, sowohl in der Gegenwart als auch in der Vergangenheit, zu kennen, um bessere Entscheidungen für Ihre Zukunft zu treffen.

Die Astrologie hilft Ihnen, sich selbst besser kennenzulernen, so dass Sie die Dinge, die Sie blockieren, ändern oder Ihre Qualitäten verbessern können.

Und wenn das Horoskop die Grundlage der Astrologie ist, so ist die Tarot-Lesung von grundlegender Bedeutung für diese Disziplin. Wie derjenige, der Ihnen das astrologische Horoskop macht, wird der Seher, der Ihnen die Tarot-Lesung macht, der

Schlüssel zum Erfolg Ihrer Lesung sein, so dass es am besten ist, nach empfohlenen Tarot-Lesern zu fragen, und obwohl Sie sicherlich nicht speziell auf alle Fragen antworten können, die Sie sich in Ihrem Leben stellen, wird eine korrekte Lesung der Tarot-Lesung und der Karten, die in der Rolle herauskommen, Ihnen helfen, die Entscheidungen zu treffen, die Sie in Ihrem Leben treffen.

Zusammenfassend lässt sich sagen, dass Astrologie und Tarot sich der Symbolik bedienen, aber die Hauptfrage ist, wie all diese Symbolik interpretiert wird.

Eine Person, die beide Techniken beherrscht, wird zweifellos eine große Hilfe für die Menschen sein, die um Rat fragen.

Viele Astrologen kombinieren beide Disziplinen, und die regelmäßige Praxis hat mich gelehrt, dass beide in der Regel sehr gut ineinander übergehen und eine bereichernde Komponente in allen Vorhersagefragen darstellen, aber sie sind nicht dasselbe, und man kann weder ein Horoskop mit Tarotkarten erstellen noch eine Tarot Deutung mit einem astrologischen Horoskop.

Aszendent in Waage

Menschen mit Aszendenten in der Waage sind Menschen, die einen sehr guten Eindruck hinterlassen und sich in der Regel durch ihren Sinn für Gerechtigkeit und Fairness auszeichnen.

Dank der Ausgeglichenheit sind sie in der Regel ausgeglichene Menschen, die wissen, wie man mit anderen umgeht und sich in sozialen Beziehungen auszeichnet.

Der Aszendent in der Waage strebt nach Gleichgewicht, was manchmal dazu führen kann, dass die Waage mehr auf die eine als auf die andere Seite kippt. Dies kann dazu führen, dass sie in vielen Situationen ziemlich unentschlossen sind, wenn es um Entscheidungen geht.

Dieser Aszendent weiß oft sehr gut, wie man manipuliert und kann dies zu seinem Vorteil nutzen. Obwohl sie je nach den Umständen soziale Menschen sind, ist es möglich, dass sie das Gegenteil sind, dass sie nicht gut wissen, wie man mit Menschen umgeht.

Für diesen Aszendenten ist es wichtig, einen festen Partner zu haben.

Widder - Waage-Aszendent

Widder mit Aszendenten in der Waage sind leidenschaftliche Menschen, die unter dem Einfluss der Waage unermüdlich nach einem Partner suchen, der ihnen den nötigen Ausgleich verschafft.

In der Arbeitswelt sind sie kooperative Menschen, die sich durch die Initiative des Widders auszeichnen und dank der Waage über kommunikative Fähigkeiten verfügen.

Wenn diese Menschen einen festen Partner finden, setzen sie alles daran, eine Beziehung einzugehen. Sie sind immer auf der Suche nach einer Beziehung und wenn sie sich von ihrem Partner trennen, haben sie das Bedürfnis, so schnell wie möglich wieder zusammenzukommen.

Ein negativer Aspekt dieser Kombination ist das Streben nach der Anerkennung durch andere, wobei die Meinung anderer oft Vorrang hat.

Es ist möglich, dass sie in einer Beziehung feststecken, weil sie Angst haben, in der Zukunft keine andere zu finden.

Stier - Waage-Aszendent

Stier-Aszendent-Waage sucht nach einem Gleichgewicht zwischen Freude und Komfort. Die Waage bringt die sensible Seite, die sie brauchen, um mit der praktischen und logischen Seite des Stieres zu mischen.

In ihrem Beruf haben sie keine Probleme, sich anzupassen, sie sind fleißig und engagiert, und das Bedürfnis nach Stabilität lässt sie für ihre Arbeit kämpfen.

In der Liebe wollen sie so akzeptiert und geliebt werden, wie sie sind. Sie sind treue Menschen und lieben die Romantik.

Zwillinge - Aszendent Waage

Zwillinge-Aszendent-Waage sind sehr an intellektuellen Dingen interessiert. Sie sind ständig auf der Suche nach Wissen und sind Menschen von großer Kultur.

Bei der Arbeit sind sie sehr kreativ, was durch diese Kultur noch gefördert wird, da diese Intelligenz ihnen hilft, neue Ideen zu entwickeln.

In ihren Beziehungen sind sie fesselnd und wissen, welche Worte sie im richtigen Moment sagen müssen. Sie mögen es, mit unterschiedlichen Menschen in Beziehung zu treten und haben kein Problem damit, ihre Umgebung zu verändern. Das kann es für sie schwierig machen, einen festen Partner zu finden.

Zwillinge mit Waage-Aszendent dulden keine besitzergreifenden Menschen, da sie vor allem ihre

Unabhängigkeit schätzen, weshalb es für sie schwierig sein kann, eine Verpflichtung einzugehen.

Krebs - Waage-Aszendent

Krebse mit Waage-Aszendent haben das Beste aus beiden Welten, sie sind gesellig und vermittelnd.

Sie sind sehr vorsichtig im Umgang mit anderen und achten auf die Sicherheit und den Komfort ihrer Familie.

Bei der Arbeit sind sie verantwortlich und suchen nach Bestätigung für ihre Arbeit.

In der Liebe sind sie verführerisch, obwohl sie auch durch ihre Unentschlossenheit bei allen Entscheidungen, die ihren Partner betreffen, auffallen. Dennoch sehnen sie sich danach, einen besonderen Menschen zu finden, mit dem sie eine Familie gründen können.

Manchmal sind sie in finanzieller und emotionaler Hinsicht zu sehr von ihrem Partner abhängig.

Löwe - Waage-Aszendent

Löwen mit Waage-Aszendent sind sehr direkt in ihren Worten, auch wenn sie dies nicht mit bösen Absichten tun. Es fällt ihnen leicht, Beziehungen zu anderen aufzubauen, weil sie im Umgang mit Menschen höflich sind.

Sie sind fleißig und ehrlich und verfügen über eine große Entschlusskraft und Kreativität.

Im affektiven Bereich haben sie Licht und Dunkelheit, sie sind magnetisch und ziehen viele Menschen an, außerdem lieben sie es, zu erobern, aber das führt dazu, dass sie sich bei vielen Gelegenheiten Menschen aus Interesse nähern, wodurch es den Beziehungen an Tiefe fehlt.

Jungfrau - Waage Aszendent

Jungfrauen mit Waage-Aszendent sind liebevolle Menschen, die sich gerne binden und ihr Leben mit einer Person verbringen wollen. Das Problem ist, dass sie schüchtern sind und finden es schwierig, den ersten Schritt zu tun.

Sie bevorzugen Arbeiten, die eine geistige Herausforderung darstellen, introspektiv sind und keinen Bezug zur Öffentlichkeit haben.

In Beziehungen suchen sie die Stabilität des Heims, und wenn sie sich in der Situation befinden, viele amouröse Angebote zu erhalten, sind sie überfordert und wissen nicht, wen sie wählen sollen.

Manchmal leben sie in bestimmten affektiven Bindungen, die nicht gesund sind.

Waage - Aszendent Waage

Waage-Aszendent Die Waage hat alle typischen Merkmale des Zeichens verstärkt. Aus diesem Grund müssen sie ein Gegenüber finden, das ihnen hilft, ihr Gleichgewicht zu halten. Sie sind freundliche und höfliche Menschen. Sie zeichnen sich durch ihre Aufmerksamkeit für andere Menschen aus.

Bei der Arbeit zeichnen sie sich durch ein hohes Maß an ethischem Engagement und Ehrlichkeit aus, sie sind eine Garantie dafür, dass eine Arbeit auf möglichst legale Weise erledigt wird.

In der Liebe geben sie alles, wenn auch nicht im körperlichen Sinne, denn sie sind nicht sehr anhänglich, was aber nicht bedeutet, dass sie nicht alles für ihren Partner tun. Ihre Art, Liebe zu zeigen, ist die Loyalität und der Respekt, den sie für ihren Partner haben.

Skorpion - Waage-Aszendent

Skorpione mit Waage-Aszendent sind geheimnisvolle, diplomatische und charmante Menschen. Es ist eine Kombination, die die Anziehungskraft des Skorpions verstärkt und ihn vernünftig und weniger besitzergreifend macht. Sie sind selbstbewusste Menschen, die wissen, was sie wollen.

Im Beruf zeichnen sie sich durch Geschäftssinn und Großzügigkeit aus. Sie besitzen auch Ehrgeiz und verfolgen ihre Ziele, bis sie erreicht sind.

Im affektiven Bereich lieben sie es, die Situation zu dominieren. Sie sind leidenschaftlich im Spiel der Verführung und sehr intensiv, obwohl diese Intensität durch die Waage gedämpft wird. Dies kann oft dazu führen, dass sie einen Persönlichkeitskonflikt haben und sich in einer ständigen Spannung zwischen Vernunft und Gefühl befinden.

Schütze - Aszendent Waage
Schütze mit Waage-Aszendent sind geistig fließend und sind raffinierte und stilvolle Menschen. Sie haben die Fähigkeit, Gespräche zu initiieren und diese geistige Gewandtheit ermöglicht es ihnen, zu kommunizieren, was sie für die gute Entwicklung vieler Unternehmen befähigt.

Hervorragend geeignet für Tätigkeiten, die Kommunikation und Kreativität erfordern.

In ihren Liebesbeziehungen bevorzugen sie eher Freiheit als Bindung, und sie lieben es, ihre Ideen und Gedanken mit dieser Person zu teilen. Sie brauchen jemanden, der sich intellektuell oder kreativ einbringt.

Manchmal sind sie eitel und arrogant und brüsten sich vor anderen mit ihrem Intellekt.

Steinbock - Waage-Aszendent

Steinböcke mit Waage-Aszendent sind in der Regel reife Menschen mit unglaublicher emotionaler Kontrolle.

Sie sind sich ihrer Umgebung sehr bewusst und wissen, wo die Grenzen gesetzt sind. Das Gleichgewicht der Waage hilft dem Steinbock enorm, was ihm ein angenehmes Leben bescheren kann.

Sie sind immer auf der Suche nach einem sicheren Arbeitsplatz, aber sie stagnieren nicht. Sie sind entschlossen und streben danach, die Arbeit zu erledigen. Sie wissen, was sie können und was nicht, und das hilft ihnen, wenn es darum geht, die ihnen zugewiesenen Aufgaben zu übernehmen.

Da sie eine rationale Kombination sind, lassen sie sich nicht von der emotionalen Seite hinreißen. Wenn sie auf der Suche nach einem Partner sind, wissen sie, was sie suchen und wollen normalerweise keine Abenteuer erleben.

Diese Objektivität kann zu Ihrem Feind werden, denn sie kann von Objektivität in Pessimismus umschlagen.

Wassermann - Waage-Aszendent

Wassermänner mit Waage-Aszendent sind Menschen, die sich durch ihr vitales Gleichgewicht auszeichnen.

Sie sind in vielerlei Hinsicht ausgeglichen. Diese Kombination ermöglicht es ihnen, Wissenschaft und Kunst perfekt zu verbinden, und sie sind Menschen, die die intellektuellen und künstlerischen Aspekte des Lebens schätzen.

Für sie sind romantische Beziehungen ein wichtiger Punkt in ihrem Leben. Obwohl es einen Widerspruch gibt, da die Freiheit des Wassermanns mit der Stabilität der Waage kollidiert.

Bei der Arbeit zeichnen sie sich durch ihre Kreativität aus und sind produktiv in den Bereichen, die für sie eine wichtige Bereicherung darstellen.

Fische - Waage-Aszendent

Fische mit Waage-Aszendent sind freundliche und charmante Menschen. Sie genießen das Leben und seine Freuden mit Begeisterung. Darüber hinaus zeichnen sie sich durch ihre Großzügigkeit aus und helfen anderen in der Regel auf jede erdenkliche Weise.

Die Arbeit ist eine Priorität in ihrem Leben, und sie achten darauf, einen Arbeitsplatz zu finden, der zu ihnen passt. In der Regel gelingt es ihnen, ein Gleichgewicht zwischen Pflicht und Freude an der Arbeit zu finden.

Saturn in den Fischen, eines der wichtigsten astrologischen Ereignisse.

Der 7. März 2023 war einer der wichtigsten Tage im astrologischen Kalender dieses Jahres. Saturn, der strenge Lehrer und Herr des Karmas, kollidierte mit den Fischen, den Träumern. Dieser Transit von Saturn in den Fischen, der bis Februar 2026 andauern wird, war keine willkommene Mischung.

Saturn ist ein Planet der Verantwortung und der strengen Autorität, er diszipliniert und strukturiert uns auf seinem Weg durch den Tierkreis. Saturn will sicherstellen, dass wir unsere Ziele erreichen, und wenn dieser Planet durch die Fische, das spirituellste Zeichen, wandert, werden einige wichtige Vorschläge auf uns zukommen. Pluto und Saturn, die so im Einklang wandern, werden einen gigantischen energetischen Vulkan auslösen, der garantiert eine unvergessliche Zeit sein wird.

Das mag wie eine Kampfansage klingen, aber diese Energiekombination kann effektiv und gewinnbringend sein.

Saturn ist in den Fischen nicht zufrieden. Es ist schwierig für ihn, Strukturen zu gründen und die Realität aufzubauen, wenn sich alles verschiebt. Fische ist ein duales Zeichen, es kann sich also auf entgegengesetzte Weise ausdrücken; es kann sowohl transzendental als auch praktisch sein. Es besteht die Möglichkeit, dass Saturn in den Fischen auf den Bau von Formen über oder unter dem Wasser hinweist, oder auf die Beherrschung des Wassers, wie z. B. Pipelines, Aquädukte und Häfen. Er kann aber auch den Zusammenbruch dieser Strukturen aufgrund von Wirbelstürmen oder struktureller Brüchigkeit aufzeigen.

Der Archetypus der Fische steht im Widerspruch zu Saturn. Er steht für Utopie, Kreativität, Spiritualität und Esoterik, aber auch für Träume, Illusionen, Lügen und Eskapismus. Er symbolisiert das Streben, wie das Meer zu fließen und Grenzen und Beschränkungen zu überwinden.

Der letzte Transit von Saturn in den Fischen fand von Mai 1993 bis April 1996 statt. In dieser Phase wurden die Folgen des Zusammenbruchs der Sowjetunion im Jahr 1989 spürbar, der weltweit Nachwirkungen hatte und die russische Wirtschaft zusammenbrechen ließ. Russland begann 1994 den ersten Tschetschenienkrieg, der bis 1996 andauerte. Der Internationale Strafgerichtshof für das ehemalige Jugoslawien wurde im Mai 1993 in Den Haag eingerichtet, um Kriegsverbrechen zu verfolgen, die während des Jugoslawienkriegs Anfang der 1990er Jahre begangen wurden.

Der Bosnienkrieg zwischen Kroaten, Bosniern und Serben hingegen war von Grausamkeiten, ethnischen

Säuberungen und zahlreichen Hinrichtungen geprägt. Der Krieg endete 1995, und die meisten bosnisch-serbischen Befehlshaber wurden wegen Völkermordes und Verbrechen gegen die Menschlichkeit verurteilt. 1994 begann der Völkermord in Ruanda, als Hutu-Banden mehr als 700.000 Tutsi ermordeten und unzählige Frauen während des Massakers vergewaltigt wurden, das schließlich im Juli endete. Die Abrüstungskrise im Irak nach dem Ende des ersten Golfkriegs war auf ihrem Höhepunkt mit viel Lärm und fehlendem Vertrauen zwischen den Beteiligten verbunden.

Eine Sekte in der Schweiz, der "Orden des Sonnentempels", verübte eine Reihe von Verbrechen und Massenselbstmorden, und hier in den Vereinigten Staaten ermordete Timothy McVeigh 168 Menschen bei dem Bombenanschlag in Oklahoma City. Während dieses Saturn-Transits durch die Fische wurde O.J. Simpson wegen Mordes an seiner Ex-Frau und seinem Freund verhaftet und nach einem langwierigen Prozess, der ein Spektakel im Hollywood-Stil war, freigelassen.

In London wurde Fred West und seine Frau Rose inhaftiert, nachdem in ihrem Garten die Leichen mehrerer Mordopfer gefunden worden waren.

In Südafrika fanden die ersten rassenübergreifenden Wahlen statt, und Nelson Mandela wurde zum Präsidenten gewählt, der später die Todesstrafe in diesem Land abschaffte. Russland und China unterzeichneten ein Abkommen, sich nicht mehr gegenseitig mit ihren Atomwaffen zu provozieren, und der Atomwaffensperrvertrag wurde von 170 Ländern endlos erweitert. In Australien einigte man sich auf die Entschädigung der Ureinwohner, die während der Atomtests in den 1950er und 1960er Jahren vertrieben wurden.

Zu den weiteren Ereignissen während des Transits von Saturn in den Fischen gehören religiöse Strömungen, ideologische Bewegungen wie Sozialismus und Linksextremismus, die Übertragung von Krankheiten und Seuchen, zerstörerische Verhaltensweisen, die durch Panik ausgelöst werden, eine Zunahme des Drogenkonsums und die Entwicklung aller Arten von Kunst sowie die Mittel des Seeverkehrs.

Saturn in den Fischen wird dafür sorgen, dass wir uns nicht mit Spiritualität oder Angst vor bestimmten Konflikten drücken können, denen wir uns stellen müssen. Wir können meditieren, hundert Jahre in Tibet verbringen und die mächtigsten Mantras des Universums verwenden, aber irgendwann müssen wir auch handeln.

In den letzten Jahren, in denen Saturn den Wassermann durchquert hat, war es notwendig, sich auf die Individualität zu konzentrieren und aufrichtiger zu sein, anstatt den Zwang der Menschen um uns herum zu tolerieren.

Obwohl Wassermann ein Zeichen ist, das dafür bekannt ist, nach seinem eigenen Rhythmus zu tanzen, hat Saturn uns dazu gebracht, mit uns selbst allein zu sein (erinnern Sie sich an die Einschränkungen während der Pandemie) und zu schauen, wo wir uns selbst platzieren können, um gesunde Grenzen zu schaffen.

All diese Lektionen haben uns auf das vorbereitet, was uns mit Saturn in den Fischen bevorsteht. Wir werden anfangen, vernünftiger damit umzugehen, wie wir Spiritualität in unser tägliches Leben einbringen können, während wir gleichzeitig ein Verständnis dafür bewahren, wie wir uns selbst strukturieren können. Viele Menschen werden Religionen oder Dogmen aufgeben oder in Frage stellen.

Natürlich gibt es viele, die diese Zeit nicht genießen werden. Dazu gehören religiöse Führer und diejenigen, die Verschwörungstheorien verbreiten. Es wird zu Konflikten zwischen Menschen unterschiedlicher Religionen kommen, und es wird viele Tendenzen geben, zu versuchen, das zu beherrschen, was andere zu glauben wählen.

Wir müssen akzeptieren, dass, nur weil andere nicht mit unseren Überzeugungen übereinstimmen, dies nicht bedeutet, dass sie falsch sind. Es bedeutet lediglich, dass ihre Ansichten anders sind, denn schließlich stehen die Fische für Exklusivität. Etwas, das uns fehlt.

Da Fische und Neptun die Unterhaltungsbranche regieren, werden große Studios und Plattenfirmen schließen, und viele Künstler, die mit diesen Studios verbunden waren, werden beschließen, ihre eigenen zu gründen. Wenn Sie ein Künstler sind, liegt es in Ihrem Interesse, Ihre Arbeit gewinnbringend zu nutzen, anstatt den großen Unternehmen an der Spitze die Dividende zu überlassen.

Es wird weniger Interesse an Spezialeffekten geben und eine stärkere Ausrichtung auf in sich geschlossene Filme und Themen, die den Alltag widerspiegeln. Wir werden die Schönheit um uns herum schätzen und weniger vom Glamour motiviert sein.

Karma wird oft als etwas Böses angesehen, aber es ist nicht schlecht, zu ernten, was man gesät hat, wenn man sich gut verhalten hat.

Die Arbeit mit unserem karmischen und unterbewussten Gepäck, das Verstehen der Vergangenheit und die Bereitschaft, loszulassen, sind entscheidend, um diesen Transit zu bewältigen und erfolgreich aus ihm hervorzugehen. Wenn du dich davor drückst, wird Saturn dich bestrafen, aber wenn du ihn annimmst, wirst du an einem Ort ankommen, der für etwas Großes prädestiniert ist.

Die Stellung von Saturn in unserem Geburtshoroskop zeigt an, wo wir gezwungen sind, die Kontrolle über die Realität zu gewinnen und mehr Verantwortung zu übernehmen.

Fische ist das letzte Zeichen des Tierkreises, so dass Saturns Bewegung hier auch einen End- oder Abschlusspunkt für einen viel größeren Zyklus anzeigen.

Fische ist ein Wasserzeichen, das für Licht, Dunkelheit und die unsichtbaren Welten steht. Es ist bekannt für seine abstrakten Ideen und seine Kreativität. Fische sind wandelbar, das heißt, sie sind anpassungsfähig und offen für die Energien der Welt um sie herum. Saturn ist eine sehr solide Energie. Er herrscht über Gesetz, Verantwortung und Beschränkungen, und seine Energie kann sich manchmal wie ein Weckruf anfühlen, der uns in die Realität zurückholt und uns die Konsequenzen unseres Handelns vor Augen führt.

Die Anwesenheit von Saturn in den Fischen könnte sich deshalb etwas schwer anfühlen, da die normalerweise wässrige, intuitive und sensible Energie der Fische gezwungen sein wird, etwas zurückhaltender zu werden.

Um das besser zu verstehen, kann man es sich so vorstellen: Wenn Fische ein sanft fließendes Wasser sind, wird Saturn Dämme bauen, und diese Dämme können das Wasser in eine produktive und vorteilhafte

Richtung lenken, aber es kann sich auch eher bedrückend oder kontrollierend anfühlen.

Es gibt jedoch eine Möglichkeit, ein Gleichgewicht zwischen diesen beiden Energien zu schaffen, da die kreativen, nicht greifbaren und äußeren Ideen der Fische-Energie dank Saturn einige Wurzeln schlagen können.

Saturn hat eine praktische Energie, und wenn wir diese mit der Kreativität der Fische kombinieren, können wir ein Gleichgewicht erreichen, das uns hilft, unsere kreativen Ideen zum Leben zu erwecken oder sie sogar in ein Unternehmen zu verwandeln.

Fische sind auch mit Religion und Spiritualität verbunden, so dass sich mit Saturn viele Fragen rund um Religion und Spiritualität stellen könnten und wie diese mit den Regeln, die die Gesellschaft regieren, zusammenhängen. Auch die spirituelle Industrie könnte unter dieser Energie einen Weckruf erhalten, oder auf einer persönlichen Ebene werden sich Ihre eigenen Einstellungen und Überzeugungen bezüglich Ihrer spirituellen oder religiösen Verbindung ändern.

Saturn will wirklich, dass wir aufstehen und die Verantwortung für unser Leben übernehmen und in Übereinstimmung mit unserem authentischen Selbst handeln.

Saturn mag uns Grenzen und Beschränkungen auferlegen, die uns das Gefühl geben, gefangen zu sein oder zu ersticken, aber dies geschieht nur, damit wir uns die Zeit nehmen können, um herauszufinden, was wir wirklich wollen und wofür wir bereit sind, einzustehen.

Eine weitere Möglichkeit, mehr über diesen kraftvollen Planetentransit zu erfahren, besteht darin, über die Themen nachzudenken, die sich in Ihrem Leben entwickelt haben, als Saturn das letzte Mal in den Fischen war, nämlich von 1994 bis 1996, um zusätzliche Informationen darüber zu erhalten, was dieser Zyklus Ihnen bringen kann.

Wie wird sich das auf das Zeichen Waage auswirken?

Mit Saturn in den Fischen werden Sie angeleitet, Ihr Leben von Tag zu Tag zu leben. Erwarten Sie eine neue Routine, eine neue Struktur und vielleicht sogar neue Leidenschaften, die aus diesem Prozess hervorgehen. Saturn wird Sie dazu anleiten, Ihr Leben zu ordnen, indem Sie eine solide Routine haben und die perfekte Balance zwischen Praktikabilität und kreativer Inspiration finden.

Sie sind von Natur aus eine sehr kreative Seele, und Saturns Reise durch die Fische wird Ihnen helfen, all diese kreativen Inspirationen zu reden, so dass sie sich nahtlos in die Realität Ihres Lebens einfügen können.

Saturn in den Fischen wird Ihnen auch eine schwierige Frage stellen: Wie wollen Sie Ihre Zeit wirklich verbringen? Am Ende des Tages, wenn Sie mit diesem Leben und diesem Körper fertig sind, was wollen Sie dann sagen, wofür Sie Ihre Zeit geopfert haben? Das ist eine tiefgründige Frage, aber genau so tief will Saturn, dass Sie sich damit beschäftigen. Er möchte, dass du dich auf die kleinen alltäglichen Dinge konzentrierst, die die meiste Zeit in Anspruch nehmen, und nicht auf die großen, einmal im Jahr stattfindenden Ereignisse. Er möchte sicherstellen, dass jeder Tag mit etwas ausgefüllt ist, das dich deinen Gefühlen von Sinn und Freude näherbringt.

Saturn und Freude werden normalerweise nicht miteinander in Verbindung gebracht, aber wenn wir mit den Herausforderungen arbeiten, die Saturn mit sich bringt, wenn wir seine Lektionen annehmen, kann das sehr wohl zu einer tieferen Freude führen, zu einer Freude, die von Dauer ist und nicht nur flüchtig. Wahrscheinlich werden Sie feststellen, dass Saturn in den nächsten Jahren natürliche Gelegenheiten bietet, dies zu tun, aber um einen Vorsprung zu bekommen, sollten Sie vielleicht über Ihren Tagesablauf nachdenken und darüber, womit Sie Ihre Zeit verbringen. Hassen Sie Ihren Job und fürchten Sie sich vor dem morgendlichen Aufwachen? Ärgern Sie sich darüber, wie Sie Ihre Tage verbringen? Saturn wird Ihnen helfen, all dies zu überprüfen, aber er wird bei den grundlegendsten Dingen beginnen.

Saturn wird keine großen, radikalen Veränderungen bringen, er wird dich ermutigen, mit den kleinen Dingen anzufangen, mit den kleinen Momenten, und dann kannst du Stück für Stück die Veränderungen vornehmen, die du möchtest. Bei Saturn geht es darum, kleine Schritte vorwärtszumachen. Schließlich bringen uns diese kleinen Schritte dorthin, wo wir hinwollen, aber sie erfordern Geduld und Hingabe, um sie aufzubauen.

Saturn kann Sie nicht nur dazu bringen, Ihren Tagesablauf zu überdenken, sondern auch dazu, Verantwortung für Ihre Gesundheit zu übernehmen.

Das kann eine neue Diät sein, die mehr auf die Nahrungsmittel ausgerichtet ist, die Ihren Körper nähren, ein neues Trainingsprogramm oder einfach ein Termin für die jährlichen Kontrolluntersuchungen, die wir alle machen wollen. Saturn in Fische begünstigt es, sich für die eigene Gesundheit einzusetzen. Ignorieren Sie keine lästigen Symptome und nehmen Sie alle Ihre Termine wahr, Saturn wird es gefallen, wenn Sie das tun.

Man kann sich Saturn als strengen Lehrer vorstellen oder vielleicht sogar als einen Lehrer, der schwierige Herausforderungen und Lektionen bringt, aber nur, weil er weiß, dass wir damit umgehen können.

Zuerst will Saturn sicherstellen, dass wir die Regeln befolgen und unsere Hausaufgaben buchstabengetreu erledigen, aber dann, wenn wir die Aufgabe beherrschen, können wir unsere eigene Note hinzufügen. Aber zuerst müssen wir die Methoden lernen, und wenn es um Saturn in den Fischen geht, sind die Methoden, sich um die Gesundheit und die tägliche Routine zu kümmern.

Sie könnten unter diesem Transit auch feststellen, dass Sie anfällig für Burnout werden. Oder Sie stellen fest, dass sich Ihr Zeitplan zu sehr wiederholt oder so langsam wird, dass Sie sich langweilen. Wie auch immer, Saturn ist hier, um Sie Ihrem Geist und dem, was Ihnen wichtig ist, näher zu bringen.

Er möchte, dass Sie die Verantwortung dafür übernehmen, wie Sie Ihre Zeit verbringen wollen. Saturn möchte, dass du dich mit dem verbindest, was dir wirklich wichtig ist, und dass du die Verantwortung dafür übernimmst.

Erwarten Sie nicht, dass sich alles sofort klärt, Saturn wird bis Februar 2026 in den Fischen sein, es wird also ein langsamer Prozess sein, der Schritt für Schritt abläuft. Du wirst nicht alle Antworten haben, es wird Zeit brauchen. Aber am Ende dieser Reise sollten Sie feststellen, dass Ihre Tage viel ausgeglichener sind und Ihre Routine mehr das widerspiegelt, was Ihre Seele wirklich anspricht. Dies ist ein kraftvoller Ort, also nutzen Sie die Gelegenheit, stürzen Sie sich in die Arbeit und erlauben Sie Saturn, Sie Ihrem Seelenvertrag näher zu bringen.

Ihr Seelenvertrag ist die Vereinbarung, die Ihre Seele getroffen hat, bevor Sie in Ihren physischen Körper eingetreten sind. Er beschreibt all die Dinge, die du während deiner Zeit hier lernen sollst, und enthält einige der wichtigsten Ereignisse deines Lebens. Saturn ist der Meister unseres Seelenvertrags, und alles, was er tut, alles, was er uns inspiriert oder aus uns herauszieht, dient dazu, dass wir gemäß unserem Seelenvertrag leben. Saturn arbeitet langsam und kann uns sehr oft das Gefühl geben, dass wir in diesem Prozess erstickt werden. Manchmal kann Saturn uns einschränken oder stilllegen, aber das geschieht, damit wir uns die Zeit nehmen können, um herauszufinden, was wir wollen und was uns wichtig ist.

In der Enge der Saturnmauern können wir uns die Zeit nehmen, uns mit dem zu verbinden, was unsere Seele wirklich will.

Saturn in den Fischen wird auch für alle kreativen Projekte, die Sie gestalten wollen, sehr vorteilhaft sein. Seine Anwesenheit, zusammen mit der kreativen Ader der Fische, wird Ihnen helfen, eine solide Grundlage für alle kreativen oder inspirierten Ideen zu schaffen, die Sie vielleicht haben.

Sie befinden sich in einer der besten Positionen, um dieses Geschenk zu erhalten, also nutzen Sie es unbedingt. Nehmen Sie diese Fische-Saturn-Energie und kanalisieren Sie sie, um das Leben Ihrer Träume zu leben.

Fangen Sie klein an, indem Sie an einem kleinen Teil Ihres Tagesablaufs arbeiten, beginnen Sie damit, Ihre Wünsche langsam in Ihren Tag einzubauen, Schritt für Schritt, Stück für Stück.

All Ihre harte Arbeit wird durch diese Energie belohnt werden.

Literaturverzeichnis

Einige Informationen wurden aus den von den Autoren veröffentlichten Büchern entnommen: Liebe für alle Herzen, Geld für alle Taschen und Horoskope 2022 und 2024.

Artikel im Nuevo Herald, verfasst von einem der Autoren.

Über die Autoren

Zusätzlich zu ihrem astrologischen Wissen verfügt Alina A. Rubi über eine reichhaltige berufliche Ausbildung; sie hat Zertifizierungen in Psychologie, Hypnose, Reiki, bioenergetischer Kristallheilung, Engelsheilung, Traumdeutung und ist spirituelle Lehrerin. Rubi verfügt über Kenntnisse in Gemmologie, die sie nutzt, um Steine oder Mineralien zu programmieren und sie in kraftvolle Amulette oder Talismane des Schutzes zu verwandeln.

Rubi hat einen praktischen und ergebnisorientierten Charakter, der es ihr ermöglicht hat, eine besondere und integrative Vision von mehreren Welten zu haben, die Lösungen für spezifische Probleme ermöglicht. Alina schreibt die Monatshoroskope für die Website der American Asociation of Astrologers; Sie können sie unter www.astrologers.com lesen. Zurzeit schreibt sie eine wöchentliche Kolumne in der Zeitung El Nuevo Herald über spirituelle Themen, die jeden Sonntag in digitaler Form und montags in gedruckter Form erscheint. Er hat auch ein Programm und ein wöchentliches

Horoskop auf dem YouTube-Kanal dieser Zeitung. Ihr Astrologisches Jahrbuch wird jedes Jahr in der Zeitung "Diario las Américas" in der Rubrik Rubi Astrologa veröffentlicht.

Rubi hat mehrere Artikel über Astrologie für die monatliche Publikation "Today's Astrologer" geschrieben und Kurse über Astrologie, Tarot, Handlesen, Kristallheilung und Esoterik gegeben. Auf ihrem YouTube-Kanal stellt sie wöchentlich Videos zu esoterischen Themen zur Verfügung: Rubi Astrologa. Sie hatte ihre eigene Astrologie Sendung, die täglich über Flamingo T.V. ausgestrahlt wurde, wurde von mehreren Fernseh- und Radiosendungen interviewt und veröffentlicht jedes Jahr ihr "Astrologisches Jahrbuch" mit dem Horoskop nach Sternzeichen und anderen interessanten mystischen Themen.

Sie ist Autorin der Bücher "Reis und Bohnen für die Seele" Teil I, II und III, einer Zusammenstellung von esoterischen Artikeln, die in Englisch, Spanisch, Französisch, Italienisch und Portugiesisch veröffentlicht wurden. "Geld für alle Taschen", "Liebe für alle Herzen", "Gesundheit für alle Körper", Astrologisches Jahrbuch 2021, Horoskop 2022, Rituale und Zaubersprüche für den Erfolg im Jahr 2022, Zaubersprüche und Geheimnisse, Astrologie Kurse, Rituale und Zaubersprüche 2024 und Chinesisches Horoskop 2024 sind in fünf Sprachen erhältlich: Englisch, Italienisch, Französisch, Japanisch und Deutsch.

Rubi spricht perfekt Englisch und Spanisch und kombiniert alle ihre Talente und Kenntnisse in ihren Lesungen. Sie wohnt derzeit in Miami, Florida.

Weitere Informationen finden Sie auf der **Website** www.esoterismomagia.com.

Alina A. Rubi ist die Tochter von Alina Rubi. Sie studiert derzeit Psychologie an der Florida International University.

Seit ihrer Kindheit interessiert sie sich für alle metaphysischen und esoterischen Themen und praktiziert Astrologie und Kabbala seit ihrem vierten Lebensjahr. Sie verfügt über Kenntnisse in Tarot, Reiki und Edelsteinkunde. Sie ist nicht nur Autorin, sondern zusammen mit ihrer Schwester Angeline A. Rubi auch die Herausgeberin aller von ihr und ihrer Mutter veröffentlichten Bücher.

Für weitere Informationen kontaktieren Sie sie bitte per E-Mail: **rubiediciones29@gmail.com**

www.ingramcontent.com/pod-product-compliance
Lightning Source LLC
Chambersburg PA
CBHW080740120726
48001CB00009B/2634

9798223376347